OPÉRATIONS

DANS LE

SUD-ORANAIS

EN 1903

PAR LE CAPITAINE COIPEL

Avec 2 planches hors texte et 3 croquis dans le texte

BERGER-LEVRAULT & Cie, ÉDITEURS

PARIS
5, Rue des Beaux-Arts, 5

NANCY
18, Rue des Glacis, 18

1908

OPÉRATIONS

DANS LE

SUD-ORANAIS

EN 1903

PAR LE CAPITAINE COIPEL

Avec 2 planches hors texte et 3 croquis dans le texte

BERGER-LEVRAULT & Cie, ÉDITEURS

PARIS
5, Rue des Beaux-Arts, 5

NANCY
18, Rue des Glacis, 18

1908

Extrait de la *Revue militaire générale*

OPÉRATIONS

DANS LE

SUD-ORANAIS

EN 1903

AVANT-PROPOS

Les principes de la guerre sont immuables, seuls les procédés de combat varient suivant l'armement, les circonstances de temps et de lieu : à notre époque, ceci est une vérité de La Palisse. Il semble pourtant qu'en 1903 (1), dans le Sahara, on ne se soit pas toujours bien pénétré de ces principes et que les procédés soient restés ce qu'ils étaient au temps de la campagne d'Égypte.

Certains exemples glorieux comme la remarquable défense de Taghit, où les vrais principes de la guerre n'ont jamais été perdus de vue, seraient plutôt une exception que la règle généralement suivie.

Le défenseur de Taghit était un esprit libre et indépendant, il s'était formé selon les sages conseils du règlement. Depuis les débuts de sa carrière il avait toujours cherché en lui-même l'impulsion pour agir. D'autres, au contraire, habitués à recevoir leurs suggestions d'autrui, n'avaient pu remplir les missions qui leur avaient été confiées lorsqu'ils avaient dû trouver en eux-mêmes l'inspiration nécessaire.

Si, par la nature de ce travail, il nous échappait quelques critiques, celles-ci ne viseraient qu'un état de choses et ne porte-

---

(1) Depuis, les temps ont changé... grâce à une vigoureuse impulsion !

raient jamais sur des individualités. Comme le dit fort équitablement M. le général Langlois, à propos des chefs français de 1870 : « Il serait absolument injuste de rendre ces chefs responsables des résultats médiocres d'une éducation militaire dévoyée. »

Dans cette modeste étude, fruit d'observations personnelles, nous essaierons de montrer quelle est l'application que peuvent trouver, dans le Sahara, les principes de la guerre et quels sont les procédés que semblent exiger la nature toute spéciale de cette région et les qualités guerrières de ses habitants.

Toutefois, quelles que soient nos conclusions, il reste bien entendu qu'elles ne dépasseront pas le cadre du cas d'espèce considéré.

CONSIDÉRATIONS GÉNÉRALES

A partir des Hauts-Plateaux et partout dans le Sahara, les transports sont assurés par des chameaux. Pour ces régions désertiques, ce mode de transport est le plus pratique et le plus avantageux, à cause de la sobriété proverbiale de ces animaux, de leur endurance, de leur docilité et de la sûreté de leurs pieds. Pour tirer des chameaux tout le rendement désirable, il faut, dans les dispositions pour la marche ou le stationnement, tenir compte de leur dressage, de leur entraînement et de leurs besoins naturels. Dans les convois, ils doivent être laissés à leurs conducteurs habituels ; mais il est nécessaire de les former en groupes de quarante à cinquante, chaque groupe sous la direction d'un bachamar, secondé par des sokrars, à raison d'un sokrar par cinq ou six chameaux.

Lorsque le groupe dispose autour de lui d'un espace libre, la marche est facilitée et rendue plus commode.

La fatigue des chameaux dépend de la régularité de la vitesse et du temps pendant lequel ceux-ci restent chargés ; elle est diminuée, si la marche s'exécute d'un mouvement continu.

La vitesse de la marche varie avec la nature du terrain, les circonstances atmosphériques, la longueur de l'étape, l'état des chameaux, la nature et le poids de la charge. Pour une même étape, tous ces éléments peuvent varier. Par suite, cette vitesse ne peut être maintenue uniforme.

Quand les circonstances sont favorables, des chameaux chargés peuvent parcourir 3km 500 à 4 kilomètres au maximum par heure.

La profondeur d'un convoi, pour un nombre déterminé de groupes de chameaux, dépend de la nature du sol, des facilités d'accès du terrain qui permettent la marche sur un front plus ou moins étendu, des circonstances atmosphériques, etc.

Le meilleur terrain de campement pour les chameaux est un sol sablonneux ou du reg. Les animaux qui ont passé la nuit sur de la hamada couverte de cailloux, sont courbaturés le matin; au départ, après le chargement, ils ont de la peine à se relever et marchent péniblement. L'humidité ou le froid produisent les mêmes effets. A moins que la situation militaire ne l'exige, on doit éviter de camper dans les endroits humides ou de se mettre en route en hiver, avant les premiers rayons de soleil.

Les chameaux demandent à être abreuvés tous les cinq jours en hiver et tous les trois jours en été. La répartition des puits dans la Zousfana permet de satisfaire à cette nécessité en toute saison, si la durée du stationnement est suffisante. Dans ses dispositions, le commandant d'un convoi doit prévoir ce temps d'après le nombre de chameaux, le rendement des puits, les récipients dont il dispose pour puiser l'eau. Lorsqu'on trouve des redirs, le problème est résolu facilement.

Pour maintenir les chameaux en état, il leur faut chaque jour quatre à cinq heures de pâturage. On peut trouver, dans la Zousfana, des pâturages suffisants et pas trop éloignés des points d'eau, si l'étape se termine vers le milieu de la journée. Il serait bon, et l'on devrait réglementer cette mesure pour éviter les méprises, de détacher en cours de route des sokrars pour couper du drim. (Ces sokrars rempliraient même, sans le savoir, le rôle de patrouilleurs.)

Si un chef de convoi veut conserver le nombre d'animaux porteurs indispensable à l'exécution de la mission qui lui est confiée, il doit parfois sacrifier à ces nécessités de subsistance des chameaux le bien-être de la troupe d'escorte.

Par la considération qui précède, on s'explique pourquoi les convois libres pouvant se mouvoir en toute indépendance coûtent moins cher que les convois escortés, pourquoi un convoi escorté par des irréguliers ou des Sahariens subit moins de pertes qu'un convoi escorté par des troupes régulières, et enfin, pourquoi un convoi escorté par des troupes européennes, moins endurantes sous le climat saharien, est celui qui présente le plus fort déchet en chameaux.

Ces questions d'organisation, de mise en mouvement, de stationnement et d'alimentation d'un convoi ont chacune leur importance. Aucune ne peut être sacrifiée sans s'exposer à de graves mécomptes. Généralement, il n'est pas possible de les prévoir, aussi faut-il les résoudre au fur et à mesure des besoins.

Cependant, les difficultés sont très surmontables en dépit même de l'adversaire, mais il est nécessaire de connaître avant tout cet adversaire.

Dans des régions aussi misérables que celles du Sahara, les convois chargés de vivres paraissent la proie tout indiquée des bandes pillardes.

Ces bandes de meurt-de-faim d'un effectif variable s'appellent des Djiouchs [1]; elles agissent sous la conduite d'un chef reconnu. Elles sont généralement à pied ; quelques-unes sont montées à méhari, à raison d'un méhari pour deux combattants. Le méhari porte en outre les vivres de ces derniers : un peu d'orge et une guerba d'eau.

Ces combattants sont armés pour la plupart de fusils à tir rapide, Remington achetés dans le commerce au Maroc. Ils ne savent pas se servir de la hausse et, comme tous bons tireurs, leurs munitions étant limitées, ils ne tirent que de près.

Endurants, très sobres, marcheurs émérites, ils peuvent fournir de très longs parcours en un temps relativement restreint. Un djich, formé de piétons, soutient pendant plusieurs jours des étapes moyennes de 60 kilomètres.

Très agiles, à l'aise dans leurs vêtements qui se composent d'une simple gandoura, au plus d'un burnous, il n'existe pas pour eux de terrain aux obstacles infranchissables. Même à travers les montagnes les plus escarpées, ils savent trouver des passages et les utiliser. En dépit de nos postes, ils disposent toujours de l'es-

---

[1] Pluriel de *Djich*.

pace immense et ils peuvent faire surgir une attaque de n'importe quel point de l'horizon.

Fatalistes comme tous les sectateurs de Mahomet, audacieux comme il convient à ceux qui sont fermement résolus à atteindre un but, ils constituent des adversaires très sérieux et fort dangereux. Ne vivant que de pillage, ils ont l'esprit uniquement porté à la lutte à main armée et savent par suite donner à leur attaque, comme nous le verrons à Moungar, la forme rationnelle qui convient aux circonstances du moment.

Après s'être entièrement renseignés sur leurs adversaires, par des reconnaissances qui leur sont particulières, après avoir choisi et étudié leur terrain d'attaque, ils se portent dans le voisinage de celui-ci, soit à la distance qu'ils ont reconnu être hors d'action des patrouilles adverses, soit à faible portée dans une anfractuosité de rocher, ou dans une crevasse du sol.

Leur défilement est facilité par la couleur sale de leur burnous qui se confond avec celle du sable saharien, par l'aspect uni du terrain : aspect tout particulier résultant de l'intensité de la lumière et de l'uniformité des teintes du sol.

Quand la proie convoitée passe à leur hauteur, sans se soucier des patrouilles adverses, ils se précipitent à l'attaque au pas de course, en utilisant jusqu'à l'extrême limite les moindres dépressions du terrain. Leur vitesse peut atteindre sur une faible distance celle d'un cheval arabe au galop (1).

Même découverts, en dépit des pertes, ils s'approchent jusqu'à portée décisive de l'arme, 300 mètres au maximum (2), et ouvrent le feu (3).

---

(1) « Ils couraient comme des chevaux au galop », affirmèrent les spahis, flanqueurs de gauche du convoi qui fut surpris le 2 septembre à Moungar. Tous ceux qui ont vu courir les Arabes ne mettront pas en doute cette assertion.

(2) Cependant il ne faut jurer de rien. Au combat de Garet-Douifa, 31 décembre 1904, les Chaambas ouvrirent, à 1 200 mètres, un feu d'une efficacité nulle, il est vrai, mais à 800 mètres, ils commençaient à atteindre nos Sahariens.

(3) Les Berabers, Touareg, Chaambas, Oulad-Djerir ont de nous une peur incontestable. Pour les amener à nous attaquer de près et compenser ainsi l'infériorité de leur armement, la croyance superstitieuse ci-après est répandue parmi eux : « Celui qui sera tué dans une attaque et qui n'aura pas vu celui qui l'aura frappé n'ira pas au ciel. Chaque nuit, son corps sortira de sa tombe et errera dans la nuit en poussant des cris. » Les gens de Taghit affirment que les Berabers tués à l'attaque de ce poste, erraient la nuit dans l'Oued-Zousfana.

A cette faible distance, s'ils ont l'initiative du feu comme celle de l'attaque, ils peuvent emporter la décision.

De ces quelques notions sur la mobilité et les procédés d'attaque des Arabes du désert, nous déduirons, au point de vue spécial du Sahara, qu'à l'activité très grande de ces derniers, il faut opposer une activité au moins égale; qu'un détachement est toujours dans une période de crise; que la vigilance doit être constante, s'exercer sur tout le pourtour de la circonférence et dans un rayon peu étendu pour être efficace; qu'en station comme en marche, la brusquerie des attaques ne donne pas le temps de prendre des dispositions pour y répondre; qu'il faut être toujours prêt à ouvrir le feu instantanément.

Seules, des fractions établies sur des positions avantageuses seront en mesure de faire tête à l'irruption de ces adversaires.

En résumé, l'énergie dans l'exécution est une condition indispensable du succès (S. C. décret du 28 mai 1895, avant-propos). En outre, dans le Sahara, plus que partout ailleurs, il ne faut jamais s'abandonner à une douce quiétude, mais toujours penser à l'adversaire et toujours prévoir des attaques inopinées.

De ces considérations générales sur les qualités particulières des Arabes du désert, doivent découler les procédés tactiques à employer dans le Sahara. Dans l'étude des opérations qui se rattachent au siège de Taghit, examinons les procédés qui ont été employés. Suivant les résultats obtenus, nous déduirons parmi ces procédés ceux qui semblent les meilleurs pour la conduite d'une action de guerre dans ces régions désertiques et en particulier pour la direction d'un convoi, une des missions les plus fréquentes.

GLORIEUSE DÉFENSE DE TAGHIT

« Il est essentiel de prendre et de conserver sur les troupes ennemies l'initiative des mouvements, de leur imposer la bataille à *son heure* et de savoir garder toujours sa liberté d'action. »
(Art. 135, décret du 28 mai 1895.)

L'attaque de Taghit a été relatée dans la *Revue de Paris* de septembre 1903. Il est inutile de revenir sur le récit détaillé de ces faits. Nous nous contenterons de les exposer brièvement et d'attirer l'attention sur certains points dont l'observation peut présenter quelques utiles enseignements.

Dès le mois de juin, le service des « Affaires indigènes » est informé qu'une harka s'organise au Tafilala. Après une longue préparation, cette harka se met en mouvement et arrive, vers le 10 août, dans la région du Bechar où elle stationne plusieurs jours. Son chef, qui n'est pas très fixé sur la direction à prendre, hésite entre les postes de Beni-Ounif, de Ben-Zireg ou de Taghit. Beni-Ounif paraît trop dangereux à cause du chemin de fer qui peut amener rapidement de nombreuses troupes; le butin ne serait pas très fructueux à Ben-Zireg, de récente formation. On se décide pour Taghit, mieux approvisionné, plus éloigné de tout secours.

A partir du 12 août, Taghit, d'ordinaire si bien renseigné, ne reçoit plus aucune nouvelle des mouvements de la harka. Celle-ci, placée au Bechar, arrête tous les émissaires envoyés vers les postes.

Le 14 août, le capitaine de Susbielle dirige 30 maghaznia de son maghzen, sur l'El-Morra qui dépend de son cercle. Ordre est envoyé au lieutenant Pointurier, qui y commande un peloton monté du 2ᵉ étranger, de pousser une reconnaissance vers le Bechar.

Après une marche pénible dans la montagne, cette reconnaissance arrive, le 15 août au matin, dans la région du Bechar, oasis de Djeninen, et apprend que l'ennemi est en mouvement vers Taghit; nouvelle immédiatement transmise.

Le lieutenant Pointurier retourne à son poste, s'y approvisionne de quelques jours de vivres et *de sa propre initiative* vole au secours du poste menacé. Cette décision, basée sur une intelligente conception de la situation générale et du rôle spécial d'une troupe très mobile, doit être offerte aux jeunes officiers comme un exemple d'initiative à imiter.

Cet appoint de 100 bons fusils était précieux pour Taghit. Sa garnison comprenait une compagnie de tirailleurs : 200 fusils; une compagnie du 1ᵉʳ bataillon d'infanterie légère d'Afrique : 100 fusils; 80 cavaliers du maghzen; une section d'artillerie de montagne.

La situation topographique de ce poste était très défectueuse. Placé dans un étranglement de la vallée de la Zousfana, accolé au ksar du même nom, dominé à 450 mètres à l'est par l'Erg et à 600 mètres à l'ouest par la Hamada, il pouvait être enlevé dans un assaut énergique ou par une troupe douée d'un certain sens tactique.

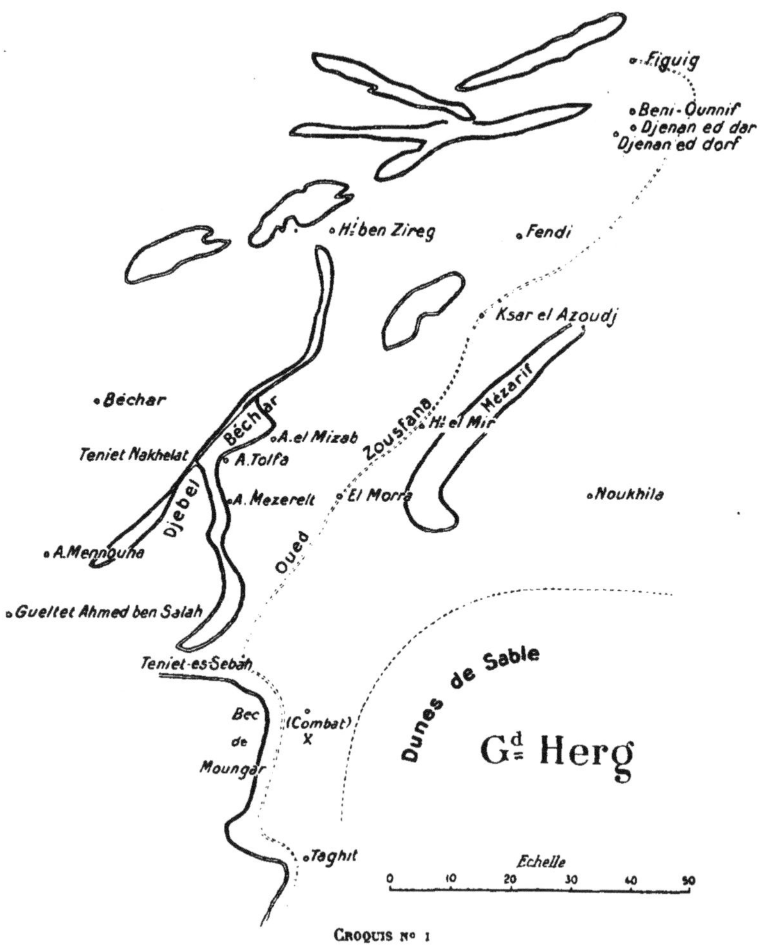

CROQUIS N° 1

Par une sage prévoyance, le capitaine de Susbielle avait fait construire un bordj sur le bord de la Hamada. Ce bordj, baptisé « Fort de l'Éperon », commandait tout le terrain environnant le poste à plusieurs kilomètres à la ronde. Il était situé à 900 mètres à vol d'oiseau de la grande dune qu'il dominait de 10 mètres. On avait vainement essayé d'établir aussi une petite redoute sur la dune ; mais on avait reconnu qu'il n'était pas possible de *bâtir sur le sable,* surtout dans le Sahara, à cause de la violence des vents.

Le ksar constituait un autre point sensible pour le poste dont il n'était séparé que par un passage de 10 mètres de large ; au moindre échec, il pouvait passer du côté de l'ennemi.

Le « Fort de l'Éperon » reçut une garnison de 25 tirailleurs sous les ordres d'un sous-officier.

Il nous semble que la position avantageuse de ce point eût mérité une occupation plus sérieuse. Dans tous les cas, ses vues étendues et la nécessité de tenir efficacement sous le feu la grande dune et le ksar eussent justifié l'établissement, dans le bordj, des deux pièces de montagne ; le tout sous les ordres d'un officier.

De cette hauteur, le canon eût empêché une bande d'adroits tireurs postés sur les crêtes de l'Erg de gêner pendant deux jours la circulation dans l'intérieur du poste. Mis en batterie dans les cours intérieures du poste, il eut seulement quelques coups heureux, à la première attaque de la redoute, contre la harka engagée maladroitement à découvert sur le plateau entre Barebi et Taghit.

Le 16 août, les patrouilles de cavalerie signalent l'approche de la harka sur le plateau de la Hamada. Celle-ci descend dans la vallée de la Zousfana, s'empare du ksar de Barebi et s'installe à 3 kilomètres du poste.

On peut se demander pourquoi le capitaine de Susbielle, officier d'une brillante audace, n'essaya pas de prendre, dès ce jour, sur son adversaire, l'ascendant moral qu'il sut lui imposer pendant les autres journées du siège.

Une troupe avancée, s'appuyant sur le « Fort de l'Éperon », pouvait se porter sur la Hamada, à 2 ou 3 kilomètres et, par des feux à grande distance, tirer sur la masse profonde de la harka. Cette mission trouvait, dans un officier breveté, le capitaine Guibert, un habile exécuteur.

Mais, pour mener à bien cette opération, il eût fallu des troupes sachant exécuter avec ordre et sang-froid du combat en retraite.

Le peloton monté de la Légion venait d'arriver; il était trop fatigué. Les chasseurs du bataillon d'Afrique se composaient de jeunes soldats. Quant aux tirailleurs, fanatiques au feu, bouillants dans l'assaut, ils n'auraient pas compris un genre de combat d'où l'on se retire, sans avoir été sérieusement éprouvé. Il fallait la leçon du 17, où l'adjudant Gabaig fut mortellement frappé, pour leur prouver qu'avec l'armement actuel il y a mieux à faire, dans certains cas, que de s'élancer à la baïonnette.

Certain du résultat final et ne voulant pas le compromettre, le commandant d'armes de Taghit ne jugea pas utile de tenter avec cette envergure une opération de défense extérieure qui pouvait présenter quelques dangers.

Dès le soir du 16, le capitaine de Susbielle arrêtait le plan de la défense de son poste, plan basé sur la connaissance exacte de son adversaire, toujours prompt à se jeter sur la première proie qu'on lui présente; sur la conception de la véritable force à la guerre : la force morale; et sur les meilleurs moyens d'imposer sa volonté à l'ennemi : la défense active et l'emploi raisonné de l'armement actuel.

Au lieu de subir l'initiative de l'adversaire, il lui impose la sienne et *à son heure*. Chaque jour, un peu avant l'aube, d'après un tour de service établi, une fraction de 100 fusils se porte dans la direction de la harka, avec mission de l'attirer sous le feu du poste.

Grâce à cette tactique qui répond à un cas particulier, parfaitement précisé, le commandant d'armes de Taghit réussit à défendre son poste, sans éprouver aucune perte sensible et sans que, pendant l'opération, ses moyens de défense fussent légèrement entamés.

Ce brillant fait d'armes, plus remarquable dans sa conception et dans son exécution que l'héroïque défense de Mazagran, passa presque inaperçu en France.

Défendre pendant quatre jours, avec 500 hommes, un poste placé dans une mauvaise position tactique, faire tête à 3 000 assaillants dont 1 000 bien armés, leur infliger des pertes considérables et n'avoir que 27 hommes hors de combat, n'est-ce pas bien mériter de la patrie et de l'humanité ?

Le 20 août, au matin, le poste de l'Éperon signalait la retraite de l'ennemi. C'était l'action d'une colonne de secours qui se faisait sentir à près de 100 kilomètres.

La harka battait en retraite, sans être poursuivie ! « A la guerre rien n'est fait tant qu'il reste quelque chose à faire » (FRÉDÉRIC LE GRAND).

COLONNE MOBILE ENVOYÉE AU SECOURS DE TAGHIT

> « Les commandants des troupes françaises ne marchent qu'en vertu d'ordres fermes venus d'en haut ; chacun d'eux s'attache pour l'exécution de ces ordres à la lettre et se trouve complètement déconcerté quand survient tout à coup une situation qui n'est pas prévue dans l'ordre. » (DE WOYDE, *Cause des succès et des revers de la guerre de 1870.*)

Dès que la présence de la harka fut signalée dans la région du Bechar, vers le 10 août, une colonne avait été organisée à Djenan-ed-Dar, avec la mission de se porter au secours du poste qui serait menacé par la harka.

Cette colonne comprenait un goum, un escadron du 2e spahis, 200 chevaux, une section d'artillerie de montagne, un détachement du génie, une compagnie montée du 1er étranger : 200 fusils, une compagnie du 2e tirailleurs : 250 fusils, enfin... 500 chameaux.

Les éléments de cette colonne étaient ainsi répartis : artillerie, infanterie, génie : Djenan-ed-Dar ;

Cavalerie, convoi : Duveyrier, à cause du manque de pâturage dans les environs de Djenan-ed-Dar.

Mais pourquoi aussi la cavalerie à Duveyrier ?

Par suite de cette répartition, la concentration et la mise en marche de cette colonne ne pouvaient avoir lieu que vingt-quatre heures après que l'ordre de mouvement aurait été lancé.

Le renseignement précisé par la reconnaissance du lieutenant Pointurier parvient à Djenan-ed-Dar le 16 août, vers 7 heures du soir. Il est transmis à la subdivision d'Aïn-Sefra et à la division d'Oran. L'ordre de partir arrive le lendemain matin (1)

---

(1) Nous répétons que la personnalité du chef de cette colonne n'est nullement en jeu. « Si les chefs français sont tels, il importe de connaître le système qui les a produits. Les bases de ce système sont une fausse conception par le commandement de ses droits

lundi. On envoie, à l'escadron de spahis et aux chameaux, l'ordre de rejoindre Djenan-ed-Dar. Mais les chameaux sont partis au pâturage, à 10 kilomètres. On ne pourra les rallier que dans la soirée. Ils ne rejoindront Djenan-ed-Dar qu'à l'aube du mardi, 18 août.

Après une nuit d'énervement et d'insomnie, la colonne part le 18, à 9 heures du matin; trente-huit heures se sont écoulées depuis l'arrivée du renseignement signalant le mouvement de la harka.

C'est par une chaude journée d'été; la colonne arrive péniblement dans la soirée à Fendi (32 kilomètres). Le lendemain 19, elle se dirige sur Ksar-el-Azoudj, elle doit repartir pour Haci-el-Mir à 11 heures du soir, mais la mise en route ne peut avoir lieu qu'à 3 heures du matin, le 20; les hommes se ressentent encore de la fatigue du 18. A partir de cette date, la colonne fit les étapes ordinaires des convois et fut rendue à Taghit le 23. Nous avons vu que la harka avait renoncé au siège de ce poste, elle s'était mise en route vers le Bechar.

Était-il possible d'atteindre le but fixé ?

Discutons cette question comme un problème dont les données ont été précisées. Cette analyse ne saurait être considérée comme une critique. Il y aurait quelque outrecuidance à juger des faits après coup, surtout lorsque soi-même l'on n'a pas été aux prises avec la réalité.

Recherchons quels moyens pouvaient être mis en œuvre pour arriver à Taghit avant le 20 août au matin.

Si la colonne avait été organisée dans tous ses détails, la direction du mouvement une fois déterminée, il n'y aurait plus eu qu'à

---

et de ses devoirs : « Il prétend confondre les pensées et les volontés des chefs en sous-« ordre de toute une armée dans la pensée et la volonté du commandant en chef, sans « tenir compte de l'éloignement, du temps, des accidents possibles et même de l'initiative « indépendante de l'adversaire, toutes choses qui exigent d'une manière ou de l'autre des « résolutions spontanées de la part des chefs en sous-ordre. » (DE WOYDE.) De là résulte *une centralisation absolue, purement théorique d'ailleurs,* contraire aux besoins de la pratique, déniant à tout inférieur *le droit de penser et d'agir sans ordre;* de là résulte chez les sous-ordres une habitude invétérée de subordination aveugle, inerte, absolue, érigée en loi souveraine entraînant l'inactivité, l'inaction puis l'abandon de l'idée d'offensive, car le subordonné, inerte la plus grande partie de sa carrière, ne peut devenir un chef à décision.

« Par là sont supprimées encore la personnalité et l'initiative des chefs en sous-ordre; ils ne doivent qu'attendre des ordres. » (*De la Conduite de la guerre,* colonel FOCH.)

fixer l'heure du départ. A cet effet, on devait tenir tout le monde sous la main à Djenan-ed-Dar, sauf les chameaux; ne pas embarrasser l'élément de combat de ces animaux à l'allure lente; constituer deux fractions, l'une de manœuvre avec tous les combattants, l'autre formée du convoi et de son escorte; n'affecter à cette escorte que l'effectif strictement nécessaire.

La colonne de combat avait 650 rationnaires environ, plus 200 chevaux[1]. A raison de 1 500 grammes par homme et de 5 kilogrammes par cheval pour chaque journée de vivres jugée indispensable, le transport de 2 000 kilogrammes était nécessaire : soit environ 16 chameaux par journée de vivres.

A l'élément de combat, la compagnie montée transporte six jours de vivres pour les hommes et les mulets, l'artillerie deux jours. Ces deux unités réunies se suffisaient à elles-mêmes pendant quatre jours. L'alimentation des tirailleurs eût été assurée par 3 kilogrammes de farine portés dans les étuis-musettes; de même pour les spahis.

Les chevaux n'avaient qu'un jour d'orge. Vu l'urgence de la situation, on aurait prélevé sur le poste d'El-Morra les trois jours d'orge[2] qui manquaient à la cavalerie, sauf à les faire remplacer par le convoi.

L'utilisation de tous les moyens dont on disposait au départ et de ceux trouvés en route donnait la possibilité de se passer du convoi pendant quatre jours. Ce laps de temps était suffisant pour se rendre à Taghit. Un changement de direction était à prévoir. Pour cette éventualité, il était indispensable de pouvoir compter sur huit jours de vivres fournis par un convoi de 130 chameaux; 50 tirailleurs étaient l'effectif voulu pour escorter le convoi.

Cette organisation prévue, la colonne disposait de toute la mobilité dont elle était capable.

Quelle pouvait être sa vitesse?

Celle des tirailleurs. On eût réduit au besoin la compagnie montée pour fournir des montures aux artilleurs. Ceux qui ont

---

(1) Dans nos calculs, nous laissons de côté les mulets; ceux de la compagnie montée portaient six jours d'orge; en partageant cette orge avec les mulets de l'artillerie, on disposait de quatre jours d'orge pour l'ensemble.

(2) Un jour consommé sur place, un sur les chevaux, un sur les mulets de la compagnie montée, en partie déchargés.

fait colonne au Tidikelt en 1900 (1) pourraient affirmer que tel bataillon de tirailleurs fit 100 kilomètres en trente-six heures. Il n'eût pas été excessif de demander aux tirailleurs une moyenne de 50 kilomètres par jour (2).

La direction prise par la harka est connue le 16, à 7 heures du soir; les hommes ont mangé la soupe à l'heure habituelle. Sans attendre de nouveaux ordres et de sa propre initiative, vers 8 heures du soir, le commandant de la colonne part sans ses chameaux au secours de Taghit.

En passant directement par Ksar-el-Azoudj, Taghit est à 140 kilomètres de Djenan-ed-Dar.

A la vitesse de 5 kilomètres à l'heure, vitesse de marche des tirailleurs, sans sac, dans le Sahara, on atteignait Ksar-el-Azoudj (42 kilomètres) le 17, à 4 heures et demie du matin. Après un repos de deux heures pour reprendre haleine et faire le café, départ (3) pour Haci-el-Begri (11 kilomètres). En ce point il y a dans l'oued cinq bons puits d'eau non magnésienne. Repos toute la journée du 17. Le 18, à 2 heures du matin, marche sur El-Morra (32 kilomètres), arrivée à 8 heures, ravitaillement.

A El-Morra, la situation n'était peut-être plus la même, il fallait toute la journée pour s'orienter et savoir si l'adversaire avait levé le siège de Taghit : à cet effet, dès le 17 soir, lancer un courrier sur Taghit (il n'y eut pas d'investissement proprement dit du poste, tous les courriers habituels purent passer), pousser des reconnaissances vers la Hamada, à l'ouest des Harouinet et vers le col de Sebbah.

Le 18, dans l'après-midi, le commandant de la colonne pouvait être renseigné :

a) La harka était encore devant Taghit.

D'El-Morra à Taghit, par la piste habituelle des chameaux, il y a 55 kilomètres : douze heures de marche en comptant une grand'halte d'une heure.

Si l'ennemi n'avait pas décampé, on devait calculer le départ

---

(1) Colonne d'In-Rhar, sous les ordres du lieutenant-colonel d'Eu, du 1er tirailleurs.

(2) Les groupes francs, organisés depuis par le général Lyautey, fournissent un rendement aussi fort.

(3) L'eau à Ksar-el-Azoudj est détestable.

pour arriver à Taghit à 4 heures du matin. C'était le plein coup de collier à donner; rejoindre l'adversaire le plus tôt possible, voilà la seule préoccupation du moment.

L'étape du matin n'ayant pas été trop pénible, repartir à 4 heures de l'après-midi en laissant au poste d'El-Morra les hommes fatigués. Qu'importait à ce moment si les 650 combattants du début se trouvaient réduits à 500 et même à moins à l'arrivée à Taghit! 400 fusils appuyés par du canon suffisaient pour courir sus à la harka déjà décimée par le capitaine de Susbielle. Unie à la garnison de Taghit qui n'était pas encore surmenée, comme elle le fut après quatre jours de lutte incessante, la colonne mobile changeait en une déroute complète la retraite des Berabers. Ceux-ci eussent perdu pour longtemps l'envie d'attaquer un de nos postes.

b) L'adversaire avait levé le siège de Taghit.

La nécessité du ravitaillement en eau pour une bande aussi nombreuse faisait de la région du Bechar un point de passage obligé.

La direction à prendre dépendait de l'heure à laquelle le renseignement était précisé et du point où il parvenait.

On peut supposer que, le 18 au matin, la harka aurait été informée de l'arrivée de la colonne de secours et qu'elle aurait levé immédiatement le siège de Taghit. On aurait connu cette nouvelle à El-Morra le 18, dans l'après-midi.

Décision : se mettre en route directement sur le Bechar par le Téniet-Nakelah, le meilleur des cols qui de la Zousfana vont dans la vallée du Bechar; camper à 1 ou 2 kilomètres du col et le franchir au petit jour. On atteignait ainsi l'oasis le 19, dans la matinée.

En forçant de vitesse, la harka n'arrivait pas à parcourir en vingt-quatre heures les 75 kilomètres qui séparent Taghit du Bechar. L'occupation de cette oasis l'eût contrainte à changer de direction. Mais il fallait la poursuivre à outrance, l'empêcher de se rallier en un point d'eau et lui imposer les cruelles souffrances de la soif qui auraient anéanti un grand nombre d'hommes.

Dans la réalité, grâce à un service de renseignements bien organisé, la nouvelle du départ de la colonne mit trente heures pour parvenir à la harka. Si la colonne fût partie la nuit, c'eût été un gain de dix heures en faveur de la troupe de secours. La nouvelle de ce mouvement fût arrivée à Taghit le 18 août au soir.

Sous la réserve que la liaison avec Taghit fût assurée sans interruption, la colonne, ayant quitté El-Morra à 4 heures de l'après-midi le 18, eût connu la retraite de la harka pendant le cours de la marche, environ à hauteur du bec de Moungar.

Il y avait lieu alors de changer de direction vers le col de Sebbah ; éviter de s'engager pendant la nuit dans ce long couloir, s'arrêter près de l'entrée du col et, aux premières lueurs du jour, se remettre en mouvement vers le puits de Gherassa.

La direction ultérieure dépendait des circonstances, mais en tout état de cause, en dépit des souffrances à imposer à la troupe, poursuivre la harka toujours et quand même.

Pouvait-on obtenir des résultats plus complets encore ?

Essayons de le prouver.

Quel était le but ?

Faire lever le siège de Taghit.

Si un djich à cause de son faible effectif est très mobile et dispose de l'espace immense, une harka de 3 000 hommes, encombrée par des impedimenta, contrainte de rechercher un point d'eau important, a des directions obligées. Les directions sont jalonnées par des oasis où elle trouve à se ravitailler.

Le Bechar était, comme nous l'avons vu, le point de passage obligé de la harka, partie du Tafilala. L'occupation de ce point lui coupait la retraite. Si elle voulait, de Taghit, se porter directement sur l'oued Guir, elle s'exposait aux privations de la soif pendant les quatre étapes à parcourir pour atteindre cette vallée.

On peut se demander si l'occupation du Bechar aurait suffi pour faire lever le siège de Taghit ?

Pour donner cette interprétation à l'ordre reçu, il fallait être en droit de compter sur la résistance du poste pendant le temps indispensable aux opérations.

Devant une troupe européenne armée de canons, Taghit, dans sa mauvaise situation topographique, n'eût pas tenu une journée ; mais en face d'un adversaire sans canons, armé d'un fusil inférieur au nôtre, d'un adversaire qui ne connaît comme tactique que l'attaque directe, mais furieuse alors, Taghit possédait une certaine capacité de résistance matérielle. Si l'on fait entrer en ligne de compte l'énergie et la valeur militaire du capitaine de Susbielle, nous pensons que Taghit, abandonné à ses propres moyens pendant plusieurs jours, ne courait aucun danger. En fait, grâce à l'habileté de son défenseur, pendant les quatre jours du siège, ce poste ne fut à aucun moment sérieusement menacé et sa garnison n'éprouva que des pertes minimes.

Il y avait lieu de prévoir le cas où la harka n'eût pas abandonné le siège sur une simple menace et qu'il eût été nécessaire d'en venir à l'argument suprême.

Dans les conditions que nous avons indiquées plus haut pour la mise en mouvement, il fallait quatre étapes pour se rendre à Taghit. On passait par le Bechar; et, sans fatigues excessives, avec une moyenne de 45 kilomètres par jour (de Djenan-ed-Dar au Bechar, 115 kilomètres; du Bechar à Taghit par Gherassa et le col de Sebbah, 75 kilomètres), la colonne arrivait à Taghit dans la soirée du 20.

En cours de route, on se trouvait en bonne posture pour opérer au gré des circonstances.

Tenter ce mouvement par le Bechar ne demandait que de l'audace.

Dans une situation générale à peu près analogue et en présence de difficultés autrement insurmontables, le premier Consul, pour débloquer Gênes plus en danger que ne le fut Taghit, n'hésita pas à se porter sur les communications des Autrichiens. Le résultat fut Marengo.

COMBAT D'EL-MOUNGAR [1]

(2 septembre 1903)

« Il est de principe absolu qu'une troupe soit maîtresse du terrain qui l'environne jusqu'à la limite de la portée des armes, si elle ne veut pas être débordée, cernée, exposée aux ravages destructeurs du feu, avant d'être prête pour le combat. » (*Éléments de la guerre*, MAILLARD.)

La colonne de secours arrivait à Taghit le 23 août. A cette date, la harka avait quitté Bechar et Kenadsa et s'en retournait au Ta-

[1] Voir planche n° 1.

filala « cahin-caha », un peu démoralisée par l'insuccès de son entreprise et les pertes subies.

Deux cents méharistes, la plupart Chaambas dissidents, qui n'avaient pas trouvé l'occasion de satisfaire leur goût de rapines, s'étaient jetés dans l'Erg. Ils savaient qu'un convoi périodique quitterait prochainement Beni-Ounif pour Beni-Abbès. Les poursuivre à travers ces monticules de sable était chose impossible. Le poste de Taghit ne possédait pas de méharistes([1]). Seuls en effet des chameaux, grâce à la large assise de leurs pieds, peuvent sans trop de peine circuler dans cette mer de sable.

Le départ du convoi périodique, d'abord fixé au 15 août, avait été différé à cause des événements de Taghit.

Il fut ordonné pour le 28, quand le commandement apprit la retraite de la harka. Mais la nouvelle que la route n'était pas absolument libre fit renforcer d'une compagnie de tirailleurs l'effectif du convoi, qui, à l'origine, devait comprendre deux pelotons de spahis : 50 sabres ; une compagnie de tirailleurs : 200 fusils ; un peloton monté du 2e étranger : 120 fusils (cette dernière fraction se rendait à El-Morra pour effectuer la relève de ce poste). Ce renfort d'une compagnie portait en définitive l'effectif de l'escorte à 50 sabres et 500 fusils. Le convoi comprenait environ 500 chameaux du convoi administratif et 800 chameaux du convoi libre. Un ordre de la division d'Oran, du 20 juillet précédent, avait interdit de laisser circuler sans escorte des convois libres dans la Zousfana. Mais ces derniers, exécutant leurs transports à des conditions avantageuses pour l'État, veulent jouir de leur indépendance. De ce côté, l'exécution de l'ordre de la division allait présenter des difficultés. Cependant, le commandant du convoi, responsable de la sécurité de l'ensemble, avait le devoir d'exiger, même par la force, l'obéissance des chameliers.

On va coucher, le 27 août, au puits de Djenan-ed-Dorf ; le 30, on est rendu à Haci-el-Mir, après avoir exécuté les étapes habituelles des convois.

A cette date, la situation générale est la suivante : Haci-el-Mir, convoi avec 500 fusils et 50 sabres ; El-Morra, un peloton monté du

---

([1]) La nouvelle compagnie saharienne de Beni-Abbès doit comprendre une troupe de 150 méharistes.

2e étranger ; en route de Taghit sur El-Morra, compagnie Bonnelet, du 1er étranger ; Taghit, garnison normale, plus la colonne de secours.

La présence dans l'Erg des méharistes est encore confirmée ce jour-là.

Le commandant de la colonne de secours avait reçu l'ordre d'assurer par tous les moyens le passage du convoi, dans le voisinage de l'Erg. Il juge qu'à effectif au moins égal une troupe française peut lutter avec avantage contre les méharistes et qu'il est inutile, pour mieux surveiller l'Erg, de se porter avec *toute sa colonne* aux puits de Zafrani. Il détache vers El-Morra la compagnie montée du 1er étranger : 200 fusils, supérieurement commandés par le capitaine Bonnelet. Exposé à combattre, il ne met pas de son côté toutes les chances possibles *en agissant avec la totalité de ses forces*.

Le capitaine Bonnelet arrive le 31 à El-Morra.

Ce jour-là, le convoi fait séjour à Haci-el-Mir. Pour faciliter l'alimentation en eau, le commandant du convoi laisse partir d'Haci-el-Mir vers El-Morra le peloton monté du 2e étranger, avec 400 chameaux du convoi libre. Vu les circonstances du terrain : plaine découverte, légèrement ondulée ; la faible distance entre Haci-el-Mir et El-Morra : 19 kilomètres ; le mouvement de troupes qui s'exécute depuis Taghit, ce fractionnement peut (?) ne présenter aucun danger et offre l'avantage de faciliter l'alimentation en eau par suite du peu de rendement des puits à la fin d'un dur été.

Le 1er septembre, le convoi se porte d'Haci-el-Mir sur El-Morra. Les 400 chameaux qui l'ont précédé à El-Morra forment un échelon (1) sous les ordres du capitaine Bonnelet (2) en marche sur Zafrani.

Grâce aux dispositions prises et probablement grâce aussi à une trahison (3) qui avait appris aux Chaambas qu'ils pouvaient comp-

(1) Les sources d'El-Mizal et de Mezerelt eussent permis d'éviter ce premier fractionnement. Situées à 10 kilomètres à l'ouest d'El-Morra, elles pouvaient servir à abreuver les mulets des deux compagnies montées, tandis que les puits d'El-Morra restaient disponibles pour les autres éléments de combat.

(2) Il est à remarquer que, contrairement à ce qui a été écrit (*Revue de Paris*), la compagnie du 1er étranger ne stationna jamais au même point que le convoi.

(3) Pendant les journées qui précédèrent le combat d'El-Moungar, la conduite d'un des bachamars, chef du convoi libre, fut assez équivoque.

ter, le lendemain, sur une meilleure occasion, cet échelon arrive sans encombre à Zafrani, d'où, le 2 septembre de bonne heure, il gagne Taghit.

D'El-Morra à Zafrani, il y a 35 kilomètres par la piste directe : terrain de reg sur la plus grande partie du parcours. Si l'on passe à proximité du caravansérail d'El-Moungar, la distance est de 38 kilomètres ; le sol de la Hamada caillouteux entre le caravansérail et Zafrani.

Lorsque les immenses redirs d'El-Moungar sont pleins d'eau, il y a avantage à passer par le caravansérail et à faire ce trajet en deux étapes. On peut ainsi abreuver facilement en un minimum de temps un grand nombre de chameaux. Tel n'était pas le cas le 2 septembre. Le commandant du convoi résolut donc de faire encore séjour, le 2 septembre, à El-Morra. Cet arrêt lui donnait la possibilité de faire boire ses animaux.

Le 1er septembre dans l'après-midi, un bachamar (1), chef d'un groupe de 200 chameaux au convoi libre, informe le commandant du convoi qu'il se portera, le 2, sur Zafrani, mais sans indiquer l'heure de son départ. Comme escorte à ce groupe de chameaux, il est détaché 20 spahis et le peloton monté du 2e étranger sous les ordres du capitaine Vauchez. Le départ de cette escorte est fixé à 4 heures du matin, le 2 septembre.

D'après l'auteur d'un article paru dans la *Revue de Paris*, cet échelonnement avait été conseillé au commandant du convoi par le commandant de la colonne mobile ; d'après le même auteur, ceux-ci pensaient que la présenee de deux forces importantes, l'une à Taghit, formant avant-garde (2) [!], l'autre à El-Morra, formant arrière-garde (2) [!], rendait sûre la route El-Morra—Taghit, rien que par « la menace » (3) à distance (4) [?] de ces deux détachements.

Sans en rendre compte, le bachamar du convoi libre met ses chameaux en marche, le 2 septembre, à 2 heures du matin. L'es-

(1) Voir la note 3 de la page précédente.

(2) *Revue de Paris*, 1er janvier 1904, page 99.

(3) *Revue de Paris*, 1er janvier 1904, page 99 : « Celui-ci (échelon du capitaine Vauchez) semblait si bien protégé, en plus de sa propre escorte, par les forces qui le précédaient et qui le suivaient, qu'il devait jouir d'une sécurité presque absolue (!). »

(4) D'El-Morra à Taghit il y a 55 kilomètres.

corte part à 4 heures. Le capitaine Vauchez, qui ne s'était pas inquiété de ce mauvais vouloir, pensait, avec l'allure plus rapide de ses mulets, rejoindre les chameaux, si ceux-ci partaient avant lui ; dans le cas contraire, faire une halte pour les attendre dans les environs du point signalé dangereux(?). A 9 heures, à 25 kilomètres d'El-Morra, l'escorte rejoint le convoi. Pour être plus à même de surveiller et de défendre le convoi qui s'échelonne sur 1 500 mètres, elle le double en partie et s'arrête à 9^h 30, au moment d'atteindre la tête.

Depuis 10 kilomètres en venant d'El-Morra, on longeait le pied d'une falaise de 10 mètres de hauteur qui limite les vues à l'ouest : c'est le bord d'un plateau doucement incliné vers la Zousfana. A l'est, on a une plaine s'étendant jusqu'à l'Erg, d'abord mamelonnée, pendant 4 kilomètres environ, puis très légèrement ondulée. Dans cette dernière zone, le terrain est si plan, qu'un méhariste monté n'eût pu se défiler nulle part des vues de la falaise. Des hommes à pied pouvaient être aperçus à partir de 700 mètres. Cependant, de ce côté viendra l'attaque. La largeur de la plaine comprise entre l'Erg et le pied de la falaise va en se rétrécissant jusqu'à n'avoir que 2^{km} 500 environ à hauteur du point où s'est arrêté le peloton monté. Celui-ci se place, les mulets entravés, sur une ligne [1], les faisceaux formés en ligne devant les mulets, les hommes épars pour prendre une première collation.

Pendant la marche, le peloton s'était couvert en avant par huit spahis sous les ordres d'un maréchal des logis français, sur chaque flanc par des patrouilles à 300 ou 400 mètres de ces flancs (les patrouilles sur le flanc droit ne pouvaient apercevoir le terrain qui descend vers l'Erg) ; en arrière, une patrouille sous les ordres d'un maréchal des logis indigène. Personne sur le bord de la falaise dont nous avons parlé.

On s'arrête. Les patrouilles restent à leur place. Les cavaliers descendent de cheval et s'asseyent nonchalamment aux pieds de leur monture.

Quand soudain ! quelques coups de fusil partent d'une ligne d'ondulations située à l'est, à moins de 200 mètres (!) des mulets, coups de feu suivis immédiatement d'autres plus nombreux. On

(1) La position observée des cadavres des mulets ne permet pas de doute sur ce point.

se précipite aux faisceaux. La fraction la plus à l'est (3e section, lieutenant Selchauhansen) fait face à l'attaque et se déploie le dos aux mulets, pour « protéger » (1) ces précieux animaux. Les hommes tirent debout ou à genou, dans un terrain plat comme un tapis de billard. L'adversaire gagne du terrain vers l'ouest ; à l'abri du prolongement de la croupe (cote 10m 50), il escalade cette croupe. Il est aidé dans son mouvement par le flux et le reflux de plusieurs groupes de chameaux qui arrivent à hauteur du peloton monté et, pris entre deux feux, ne savent plus quelle direction choisir. Ordre est donné à la 4e section de se déployer derrière la ligne des mulets, face au nord. A ce moment, le capitaine est frappé mortellement ; déjà la moitié des légionnaires sont hors de combat.

L'héroïque lieutenant Selchauhansen juge que, pour se soustraire à ce feu meurtrier, le seul moyen est de *tenter un effort désespéré*. A la tête de sa section, il s'élance en criant : « En avant, en avant, suivez-moi, mes amis ! » Ce mouvement est immédiatement suivi par celui de la 4e section sous les ordres du sergent-major.

Cette attaque à la baïonnette s'exécute, à moins de 150 mètres, par une troupe décimée, non démoralisée il est vrai, mais désorganisée, contre un adversaire plus nombreux et en possession de tous ses moyens (2). La 3e section n'a pas parcouru 50 mètres au pas de course que le restant de ses cadres est mis hors de combat. Le lieutenant Selchauhansen tombe frappé de deux balles ; l'une l'atteint au front, l'autre lui brise l'épaule. Cette poignée de braves découvre alors une ligne très dense de tirailleurs ennemis, elle fait demi-tour et se jette précipitamment derrière le premier abri : c'est la croupe (cote 10m 50).

La 4e section, exposée au feu direct dirigé contre elle et aux coups d'écharpe dirigés contre la 3e section, empêtrée encore au milieu des chameaux, fait demi-tour, lorsque son chef, le sergent-major, tombe la cuisse transpercée d'une balle. Les survivants de cette section, qui se sont rendu compte du mouvement tournant

---

(1) *Revue de Paris*, janvier 1904, page 94.

(2) Voir *Enseignements de deux guerres récentes*, par le général LANGLOIS : « Nécessité de la supériorité du feu avant d'entreprendre un assaut, même à faible distance. »

de l'adversaire sur la croupe (10^{m}50), ne se réfugient pas derrière le même abri que la 3e section [1].

Entraînés par le fourrier, qui vainement a tenté de désentraver les mulets, ils se portent sur le mamelon cote (9^m 70) [là se dresse aujourd'hui le monument commémoratif].

De la position qu'il occupe, le fourrier reconnaît que, si le mouvement tournant de l'adversaire s'accentue, sa fraction sera dominée par le feu de la Hamada, comme l'est à ce moment la 3e section.

A 100 mètres derrière lui, se trouve la croupe (cote 12 mètres). Il choisit celle-ci comme dernier point de ralliement et décide de s'y porter non sans avoir laissé sur le mamelon (9^m 70) quelques tireurs, pour assurer par leur feu la retraite des hommes et des blessés qui sont derrière et sur la croupe (10^{m}50). L'occupation de cette dernière position complétée par celle du mamelon (9^m 70) permit de tenir tout le terrain sous le feu et de protéger contre la vengeance des Chaambas les camarades blessés restés dans la plaine.

La brutalité des faits avait imposé cette solution.

Il semble que pendant la marche on devait s'assurer une bonne position de feu, pour le cas d'une attaque brusquée, en faisant cheminer, près du bord de la falaise, la majorité des hommes à pied du peloton monté [2].

Pour la halte, on aurait pu rassembler dans le thalweg entre la croupe (10^{m}50) et le mamelon (9^{m}70), les mulets, les chameaux, placer deux postes d'une escouade chacun, l'un sur la croupe (10^{m}50), l'autre sur la croupe (12 mètres), les autres hommes au repos à la naissance du thalweg, près de la Hamada. La cavalerie aurait couvert dans toutes les directions et particulièrement vers l'ouest, où le terrain très raviné rend la surveillance difficile. Du côté de l'est, on découvrait toute la plaine jusqu'à l'Erg ; une patrouille à 800 mètres eût suffi pour signaler l'approche de l'adversaire.

Au moment où les points dominants du terrain furent occupés,

---

(1) Pour la facilité du récit, nous avons maintenu la distinction entre la 3e et la 4e section. Dans la réalité, ces fractions commencèrent à se mélanger dès les premiers instants de la surprise.

Nous disons 3e section là où il y avait plus de survivants de la 3e section que de la 4e.

(2) Naturellement, il fallait exiger aussi le groupement des chameaux.

le combat était virtuellement terminé. *Par une attaque vive et décidée,* les Chaambas avaient obtenu la *décision* en quelques instants. Le peloton monté annihilé, ils poussent les chameaux vers l'Erg, prennent tous les mulets non blessés moins quatre, enlèvent aux morts vingt-cinq fusils. Ils s'en vont dans l'Erg se partager le butin, pendant qu'une partie d'entre eux, probablement par haine du « roumi » et aussi dans l'espoir de faire un butin plus fructueux, restent en face des légionnaires survivants (1). Qu'allaient devenir ceux-ci éloignés de tout secours et décidés à vendre chèrement leur vie ? Six mortelles heures devaient s'écouler avant qu'un premier secours parvînt à ces braves et mît un terme à leurs souffrances physiques.

Pendant le combat, la plus grande partie des spahis s'étaient ralliés au maréchal des logis français. Ils se portèrent sur la croupe (12 mètres) et combattirent sous les ordres du fourrier ; le maréchal des logis assurait la liaison entre les deux fractions combattantes. Deux cavaliers avaient été dirigés sur Taghit pour réclamer du renfort au capitaine de Susbielle.

Les spahis d'arrière-garde, sous les ordres du maréchal des logis indigène, après avoir essayé de percer vers le peloton monté, brûlèrent contre les Chaambas une partie de leurs cartouches, puis ils allèrent d'un pas tranquille rendre compte de l'événement au chef du convoi à El-Morra. L'estafette envoyée vers Taghit arrive à destination à 2 heures de l'après-midi (27 kilomètres dans un terrain en partie sablonneux), le maréchal des logis indigène fait son compte rendu à El-Morra à 5 heures et quart (28 kilomètres dans un terrain de reg).

---

(1) Cinq d'entre eux allaient être encore victimes de cette lutte disproportionnée : deux spahis français, les seuls cavaliers tombés dans cette affaire, deux légionnaires dont le cuisinier du capitaine, enfin le sergent-major. Ce brave sous-officier, malgré sa blessure, dirigea le combat jusque vers 3 heures de l'après-midi. A cette heure, le fourrier, de sa position dominante, ayant aperçu des Chaambas sur la piste, vers Taghit, rendit compte au sergent-major de ce mouvement qu'il considérait comme enveloppant (c'était probablement une patrouille de Chaambas qui éclairait vers Taghit). En se relevant sur son séant pour correspondre avec le fourrier, le sergent-major reçut à la tête une balle partie de la Hamada.

Le fourrier rejoignit alors l'emplacement où était le capitaine. On discuta sur l'opportunité de se réfugier au caravansérail d'El-Moungar (distance, 4 kilomètres). A cette heure, ce bordj, éclairé par le soleil, était aperçu très distinctement du mamelon ($9^m 70$). Le capitaine fit comprendre que, dans l'impossibilité d'emporter les blessés, il valait mieux attendre les secours de Taghit.

Dès qu'il a connaissance de la rencontre, le capitaine de Susbielle apprécie sainement la situation. Il sait que le peloton monté n'a pu avoir affaire qu'aux méharistes, dont le nombre a diminué par le combat (1). Il a surtout à remplir un devoir d'humanité. Il importe qu'un premier secours arrive vite. Il rassemble la fraction immédiatement disponible de son maghzen (40 cavaliers) et la dirige aux grandes allures sur Moungar. Il obtient du commandant de la colonne mobile l'escadron de spahis et un peloton monté du 1er étranger. Cette dernière fraction va recommencer l'étape en sens inverse.

A cause de la différence d'allure de ces divers éléments, il les met en marche successivement : 1° spahis et restant du maghzen ; 2° peloton monté du 1er étranger, secours médicaux.

A 4 heures du soir, l'approche de ces renforts faisait abandonner la partie aux Chaambas les plus tenaces. A 5 heures, on commençait à relever les blessés dans la plaine.

A l'arrivée du gros de la cavalerie, on emploie une partie du maghzen à faire la navette entre le lieu du combat et les puits de Zafrani, pour ravitailler en eau au moyen de petits bidons les malheureux combattants qui, sous un ciel brûlant et altérés par d'affreuses blessures, n'avaient pas bu depuis le matin. La nuit se passe à donner des soins aux blessés.

Le lendemain matin à 9h 30 (!), le gros du convoi arrrive d'El-Morra. Il a reçu la nouvelle du combat, la veille à 5h 15 de l'après-midi. Il a rompu à 6 heures, suivant les ordres donnés dans la journée, pour gagner sur l'étape du lendemain.

On rend les honneurs aux morts. On organise le convoi de blessés et, à 2 heures de l'après-midi, on se met en route sur Zafrani.

Le capitaine Vauchez avait rendu l'âme à midi. Jusqu'à la dernière minute, il n'avait pas trahi la souffrance occasionnée par d'horribles blessures et sa pensée avait été pour ses soldats. Le lieutenant danois Selchauhansen fut transporté à Taghit, où il expirait le lendemain à 7 heures du soir. Digne descendant des défenseurs du Duppel, au feu, il joignait une bravoure héroïque à un sang-froid remarquable (2).

---

(1) On compta sur le terrain vingt cadavres de Chaambas.

(2) Il mourait victime de son dévouement. Au moment où il avait été blessé, il ne

Le restant de la colonne mobile arriva à Zafrani le 3 septembre dans l'après-midi. Dès la nuit, les blessés sont évacués sur Taghit, où ils trouvent enfin un soulagement à leurs souffrances ([1]).

Rendons hommage à la bravoure de cette vaillante troupe qu'est la Légion. Malgré la surprise, ils font vaillamment face à l'attaque. Et même, sur l'ordre de leurs chefs, les légionnaires marquent leur volonté de vaincre par un mouvement en avant. Accablés par le feu, réduits à une poignée, par une touchante et sublime solidarité entre frères d'armes, il se cramponnent au terrain pour protéger leurs morts et leurs blessés.

Applaudissons aux distinctions si bien méritées dont furent gratifiés les combattants d'El-Moungar.

Après avoir rendu un juste tribut de respect et de louanges au noble sacrifice des uns, à l'héroïsme des autres, cherchons à nous rendre compte des procédés de nos adversaires.

Les Chaambas choisissent pour terrain de combat une région à égale distance de Taghit et d'El-Morra. Un simple calcul de temps leur permet de compter sur plusieurs heures pour régler l'affaire, avant que l'avant-garde (?) de Taghit ou l'arrière-garde (?) d'El-Morra puisse intervenir.

La zone de la rencontre déterminée, ils s'embusquent dans l'Erg, où ils savent qu'on ne peut venir les chercher, et dans la partie la plus voisine de la piste suivie par le convoi.

De quoi s'agit-il pour eux ?

Enlever le convoi.

Mais ils savent qu'on ne peut compter sur la peau de l'ours avant de l'avoir tué. Ce convoi est défendu par une escorte ; c'est avec celle-ci qu'il faut traiter l'objet du litige. *Objectif : l'escorte.*

Celle-ci est à peine inférieure en nombre, mais bien encadrée et

---

voulut pas être transporté à l'abri, afin de ménager la vie de ses soldats. Au combat de Zenaga, le 31 mai, il avait remarqué le danger qu'il y a, au point de vue des pertes, à relever immédiatement les blessés sous le feu. Il resta toute la journée à la place où il était tombé et reçut derrière la tête une troisième blessure qui fut la cause de sa mort.

([1]) La plupart furent transportés jusqu'à Zafrani sur des brancards de fortune, confectionnés avec des fusils. Pendant la marche, ces brancards se disloquèrent. Des blessés comme le sergent Charlier, avec cinq balles dans le corps, durent supporter toutes sortes de positions incommodes.

organisée, pourvue d'un bon fusil à longue portée, approvisionnée en cartouches. Pour en avoir raison, il faut annihiler ces avantages. Instruits par l'expérience et notre exemple, ils savent que dans le combat actuel l'on peut parfois obtenir la décision par le feu. Tireurs émérites aux petites distances, c'est à égalité d'armement qu'ils combattront, s'ils s'approchent de l'escorte à moins de 300 mètres. Avec leurs qualités physiques particulières, ils s'efforceront d'avoir l'initiative du feu, pour paralyser la meilleure organisation [1] de leur adversaire.

Ils connaissent notre habitude de faire une halte avant la fin de l'étape. Ils attaqueront pendant cette halte : les faisceaux formés, les hommes sont moins immédiatement prêts à combattre.

Avec des vigies sur les dunes de l'Erg, ils voient venir escorte et convoi. Ce dernier est échelonné sur une grande profondeur, par conséquent plus difficile à garder. L'escorte est insuffisamment éclairée. Leur habileté dans l'utilisation du terrain leur permettra de s'approcher à faible distance des éclaireurs, puis de là, grâce à la vitesse de leurs jambes, ils seront sur l'escorte *en même temps que le renseignement* qui annoncera leur attaque.

Leur proie s'approche. Ils se rassemblent à la lisière de l'Erg, prêts à se jeter sur elle. Parfaitement orientés, ils peuvent agir, dès le début, avec la totalité de leurs forces.

Ils voient les spahis descendre de cheval : c'est la halte. Ils se glissent en deux bandes dans deux petits oueds qui de l'Erg conduisent au pied de la falaise. A faible portée du but, ils se précipitent au pas de course et ouvrent le feu, à moins de 200 mètres, sur les légionnaires épars et au repos.

La patrouille de spahis a eu à peine le temps de les apercevoir et de s'enfuir dans une direction perpendiculaire à l'attaque, en abandonnant ses montures.

Le peloton monté, au lieu de chercher une position de feu qui lui eût permis de dominer le terrain et de mieux défendre ses mulets, s'est porté en avant de ces derniers, dans un terrain absolument découvert, comme s'il se fût agi d'une attaque de cava-

---

[1] Dans la réalité, dès les premiers instants de la lutte, tous les officiers et tous les sous-officiers, sauf le fourrier, étaient mis hors de combat.

lerie. (Même dans ce cas particulier, il eût mieux valu choisir une position de feu.)

Les Chaambas tirent parti de l'avantage auquel on renonce ; une fraction d'entre eux se dirige vers la croupe (10m50).

Le peloton monté décimé, ils n'ont qu'à contraindre les sokrars, par la menace, à diriger leurs chameaux dans l'Erg. Le succès obtenu, ils s'en assurent les avantages matériels, en maintenant sur place les survivants, avec une faible partie de leurs forces.

COMPAGNIES MONTÉES

L'affaire d'El-Moungar n'était ni un argument pour, ni un argument contre l'organisation des compagnies montées. A ce point de vue, on n'y attacha en haut lieu aucune importance. Au mois de novembre 1903, on créait pour les territoires du Sud-Oranais deux nouvelles compagnies montées (1).

Quelle est la valeur de cet « outil » dans le Sahara ?

Tout le monde connaît l'organisation de ces unités. C'est une troupe dont la moitié des combattants sont montés sur des mulets. L'homme ne porte que son fusil et ses cartouches, il peut marcher plus vite ; il se repose une heure sur deux, il peut marcher plus longtemps.

Le mulet, outre les deux hommes qui le montent alternativement, porte les vivres et le campement de ceux-ci et ses rations d'orge.

Comme moyens de transport, ces unités se satisfont à elles-mêmes ; elles sont toujours prêtes à partir au premier signal.

Leur rayon d'action dépend du nombre de jours de vivres qu'elles emportent : environ six jours ; il atteint 200 kilomètres avec des compagnies bien entraînées, comme le sont toutes ces unités d'élite. Mais, le septième jour après leur départ, celles-ci doivent être revenues à leur point d'attache. Tels sont les avantages du système.

Regardons maintenant le revers de la médaille.

Le mulet est un animal qui boit beaucoup, 50 litres d'eau par

---

(1) Une au 2e régiment de tirailleurs ; une au 1er régiment étranger.

jour en été. En comptant les hommes, il faut pour une compagnie montée 7 mètres cubes d'eau par vingt-quatre heures. En été, dans le Sahara, la plupart des puits n'ont pas ce débit.

La ration d'orge d'un mulet est de 6 kilogrammes. Nulle part on ne peut opérer une substitution de fourrages, dans un pays où le chameau même meurt de faim. Outre l'inconvénient de renoncer après quatre jours d'étape à une bonne occasion, si elle se présentait, un incident peut retarder le retour ou faire enlever les mulets : les hommes risquent de mourir de faim.

Pour ne pas blesser les animaux, à cause de l'énorme paquetage qu'ils ont sur le dos, les hommes doivent s'entr'aider, en soutenant la selle, pour monter à mulet et en descendre. En marche, cette unité est moins rapidement prête au combat que toute autre troupe d'infanterie. Il lui faudrait donc proportionnellement plus de cavalerie, et, si on lui adjoignait cette arme, son rendement serait diminué.

Au combat, ces précieuses montures, qui portent les vivres de l'unité et qui sont un soulagement pour les marches pénibles, sont une cause de préoccupations pour tous. Le souci de leur conservation peut entraîner à des erreurs comme à El-Moungar. En cas de succès, la poursuite est paralysée par ce boulet rivé aux pieds des combattants. Enfin ces unités ne sont autre chose que des convois escortés et portent en elles tous les éléments de faiblesse d'un convoi. Elles tentent la cupidité (1) des maraudeurs. Leur confier l'escorte d'un convoi, c'est doubler les difficultés d'une pareille mission, sans permettre au commandant de la compagnie montée de tirer parti de la principale valeur de sa troupe qui est la mobilité.

Pour les raisons qui précèdent, nous croyons que la création des compagnies montées dans le Sahara (2) est une erreur qui coûte fort cher au budget de la guerre (3).

---

(1) Au Tafilala, un mulet se vend 1 000 francs. La valeur marchande d'une compagnie montée est de 150 000 francs.

(2) Depuis que ces lignes ont été écrites (1905), la compagnie montée de tirailleurs a été supprimée par le général Lyautey et une compagnie et demie a été rappelée sur les Hauts-Plateaux, où ces unités trouvent leur emploi.

(3) « L'infanterie montée ne rendrait pas de service en proportion du prix qu'elle coûterait. » (*Enseignements de deux guerres récentes*, page 166, général LANGLOIS.)

Dans le Sahara, la *seule*[1] troupe montée pratique sont les méharistes. A défaut de ces derniers, une compagnie de tirailleurs, sans le sac, est susceptible du même rendement qu'une compagnie montée de troupes européennes. Les tirailleurs, emportant dans leurs musettes quatre jours de farine, peuvent parcourir 200 kilomètres. Si on les fait suivre par un petit convoi de chameaux [2], ils se réapprovisionnent et font un nouveau bond de 150 kilomètres. Le neuvième jour après le départ, ils reviennent en arrière et rejoignent le convoi. A partir de ce moment, ils regagnent leur point de stationnement par petites étapes : pour le retour, quatorze jours de route, plus trois jours de repos seraient nécessaires. Au total vingt-huit jours d'absence. Une trentaine de chameaux chargés de 120 kilogrammes chacun, transporteraient vingt-quatre jours de farine. Par ce procédé, une compagnie de tirailleurs pourrait s'éloigner à 350 kilomètres.

Une plume plus autorisée que la nôtre a écrit dans la *Revue de Paris* [3] que « la chance seule de n'avoir pas été attaqué » avait évité à d'autres chefs de détachement une mésaventure semblable à celle d'El-Moungar.

Le trouble qu'avait jeté dans les esprits cette malheureuse rencontre a pu donner crédit à cette hérésie militaire. En effet, nous avons vu dans le Sahara certains officiers partir en mission de guerre avec la perspective d'être battus, en cas de rencontre de l'ennemi. Qu'il nous soit permis de nous élever contre ce qu'une pareille doctrine a de funeste pour le moral de tous ! La confiance en soi-même, fruit de son travail et de ses méditations du temps de paix, est un élément nécessaire au succès ! Les résultats ont été mauvais parce que, nous venons de le voir, les moyens n'ont été appropriés ni au but, ni aux circonstances. Nous le constaterons encore en montrant les procédés généra-

---

[1] La compagnie saharienne du Bechar, qui emploie des chevaux comme montures, a, nous le croyons, un rayon d'action encore inférieur à celui des compagnies montées à mulets. Le cheval n'a pas la force et l'endurance du mulet.

[2] De forts chameaux en bon état, chargés seulement à 120 kilogrammes chacun, peuvent suivre pendant quatre jours une compagnie de tirailleurs, à la vitesse moyenne de 50 kilomètres par jour, si l'on a prévu quelques animaux de remplacement.

[3] *Revue de Paris*, 1er janvier 1904, page 93.

lement adoptés pour la mise en mouvement et la conduite des convois.

Exposons et discutons les dispositions mises en œuvre au convoi de novembre 1903.

CONVOIS

« Un convoi de 2 400 chameaux chargés de vivres, escorté par trois compagnies, 600 fusils et 90 cavaliers (spahis et goumiers), se porte de Beni-Ounif sur Beni-Abbès, par la vallée de la Zousfana. »

Avant d'aborder la discussion de ce problème, montrons les procédés généralement employés dans le Sud-Oranais pour la conduite des convois.

La cavalerie des affaires indigènes est chargée de la recherche du renseignement. Les cavaliers du maghzen sont très aptes à ce service. Ils se portent aux puits, points de passage obligés de toute troupe. Grâce aux traces sur le sable, ils peuvent signaler la présence d'un djich dans un rayon déterminé, si toutefois un coup de siroco n'est pas venu effacer les traces de pas ou de campement.

C'est la cavalerie affectée organiquement au convoi qui pourvoit à la sûreté immédiate. Comme en Europe (!), dès le départ, elle détache en avant une avant-garde qui se subdivise en pointe et en gros ; sur chaque flanc, une ou plusieurs patrouilles, suivant l'effectif du convoi, et une arrière-garde qui a surtout un rôle de police.

Ce fractionnement de la cavalerie ne répond pas, au point de vue de la sûreté, à la situation militaire. Toutes les directions sont dangereuses et il n'y a aucune raison pour mieux se garder en avant que sur les flancs ; au contraire, ceux-ci, par leur étendue, sont plus vulnérables et demandent à être plus activement surveillés.

Cependant, nous comprenons la présence en avant du gros de la cavalerie ; à cette place, celle-ci est plus à portée du commandant du convoi qui marche en tête pour juger d'avance des incidents de route pouvant provenir du fait du terrain ; en outre, le chef de cette cavalerie a le temps d'étudier le terrain qu'il a mission d'éclairer.

Le nombre des patrouilles de flanc ne saurait être fixé d'avance, il dépend non seulement de la longueur du convoi, donnée d'ailleurs très variable dans le cours d'une même étape, mais aussi des difficultés du terrain, donnée non moins variable. Pour ne pas tomber dans une dispersion inutile et par suite dangereuse, le commandant de la cavalerie, dont le rôle est fixé une fois pour toutes, doit détacher en temps voulu les patrouilles nécessaires ; à chaque moment suffit sa peine.

Pour l'infanterie, on adopte dans tout son formalisme « le carré à la Bugeaud » (1). L'escorte est partagée en quatre parties égales. Chaque fraction ainsi constituée occupe uniformément un des côtés extérieurs du quadrilatère formé par tous les éléments non combattants du convoi, et tout contre les faces de ce quadrilatère. Quelquefois, la garde de chaque face se subdivise jusqu'à l'escouade exclusivement. L'escorte arrive ainsi à former un cordon de troupes réparties uniformément autour du convoi et cela quel que soit le terrain (!).

A l'époque où ce dispositif fut mis en pratique, il répondait à une idée juste. Il fallait que la formation de l'escorte fût plutôt une colonne contre l'audacieuse et nombreuse cavalerie des Arabes, et exceptionnellement une formation préparatoire de combat contre les fantassins qui pouvaient surgir de n'importe quelle direction.

Vu l'état de l'armement des deux adversaires en présence, aux débuts de la conquête, ce dispositif en carré, qui présentait des poitrines humaines partout où l'ennemi pouvait attaquer et qui développait immédiatement tous ses fusils, était parfaitement justifié.

Mais, depuis, les Arabes ont modifié leurs procédés d'attaque, ils sont armés de fusils à tir rapide, combattent à pied, utilisent le terrain. De notre côté, nous possédons un excellent fusil dont nous savons nous servir et qui nous donne la possibilité de recevoir l'ennemi à bonne portée.

---

(1) Laissons-lui le nom, bien que cette formation fût déjà, sous Bonaparte, celle de l'armée d'Égypte contre l'audacieuse et nombreuse cavalerie des Mamelucks.

Si, à cause des directions multiples des attaques possibles, l'escorte doit présenter à la vérité une formation préparatoire de combat dans toutes les directions, l'emploi raisonné de l'armement actuel exige que cette espèce de carré s'adapte au terrain. Il peut affecter les formes les plus variées.

Généralement, la plupart des commandants de convoi adoptent ce dispositif schématique de l'escorte répartie en cordon autour du convoi, sans garder à leur disposition une fraction disponible. Certains cependant se constituent une réserve. Celle-ci devrait se nommer troupe de manœuvre ou plus simplement troupe de réserve ; mais, par une malencontreuse idée, elle est appelée « échelon de manœuvre ». On prend ainsi la partie pour le tout. Alors, de par la tyrannie du mot, les commandants de convoi essaient de trouver à cette fraction un emploi comme échelon. Sans que la situation militaire ou que les formes du terrain l'exigent, ils partent d'une idée préconçue pour détacher cette fraction, tantôt à droite, tantôt à gauche, tantôt en avant, tantôt en arrière.

Il y a des cas particuliers où cette réserve trouve son emploi comme échelon. C'est l'application raisonnée qui en a été faite le 22 et le 25 juin 1903, pendant la colonne dite du Bechar [1].

Le 21 juin, dans l'après-midi, la colonne part de Ben-Zireg. Pour atteindre l'oasis du Bechar, elle doit parcourir 52 kilomètres. En cette saison, il faut éviter, autant que possible, de demander aux troupes un si gros effort. Sur la route de marche, on signale un puits à Haci-el-Haouari, 33 kilomètres. Il y a intérêt à vérifier le renseignement et, s'il est confirmé, à tenir ce point d'eau. C'est la mission confiée à la troupe de manœuvre, compagnie montée du 1er étranger.

Le 24, on quitte Ouakda pour Bechar. Pour assurer sur nos derrières, contre toutes éventualités, la possession du point d'eau de Ouakda, la troupe de manœuvre est laissée à cette oasis (au grand scandale des combattants de la compagnie montée).

En station, on campe dans la formation où l'on se trouve, c'est-à-dire en carré. Cette enceinte humaine a sa raison d'être.

---

(1) Sous les ordres du colonel d'Eu, du 2e tirailleurs.

Mais certains commandants de convoi, lorsqu'ils se trouvent hors de la protection immédiate d'un poste, resserrent jusqu'à l'extrême limite les dimensions de ce carré. En novembre, on a entassé certains jours, dans un carré de 150 pas de côté, l'escorte : 600 fusils, 90 cavaliers, le convoi : 400 moutons, 2 400 chameaux et leurs conducteurs. En cas d'attaque, comment, au milieu d'un tel encombrement, eût-on pu assurer une direction au combat ? Et quelle cible pour l'ennemi ! sans compter le manque de repos pour tous, hommes et animaux.

Quant aux mesures de sûreté, on n'est pas bien fixé sur leur but, le rôle qu'on doit en attendre et les moyens à employer. Plus qu'en France, ici dans le Sahara, on s'effraie de la distance. Les plus audacieux placent vers le milieu de chaque face du carré et à 100 mètres de cette face des petits postes d'une escouade. D'autres n'osent aventurer ces postes au delà de 30 mètres (!) ; les plus timides placent à 10 pas (!!) des faces des sentinelles qui se promènent gravement l'arme au bras ! Ce sera un heureux hasard si, avec des mesures de sécurité aussi rudimentaires, on ne subit pas des surprises comme celle d'El-Moungar (2 septembre 1903).

En un mot, tous ces dispositifs sont des formations normales, autrement dites schématiques, qui dispensent de réfléchir, pour adapter les moyens dont on dispose au but poursuivi, aux circonstances de temps, d'espace, de lieu, etc.

Nous croyons au contraire que chaque cas d'espèce a sa solution propre, que la réflexion peut seule permettre de trouver la solution juste.

Essayons donc de raisonner le cas concret que nous avons posé.

Quelle est la mission ?

Conduire un convoi de Beni-Ounif à Beni-Abbès, par la vallée de la Zousfana.

Pour assurer le succès de cette mission, il faut que l'ennemi ne puisse pas entraver la marche du convoi.

Ce but sera atteint si pendant le trajet l'ennemi ne paraît pas : ce qui dépend de lui, ou si, survenant, il se brise à un obstacle infranchissable jeté entre lui et le convoi.

Il s'agit de savoir si l'ennemi paraîtra. Le maghzen parti à la découverte assure le renseignement.

a) Aucune trace de l'ennemi n'est découverte, la marche s'exécute sans incidents;

b) L'ennemi survient : il est signalé à 15 ou 20 kilomètres.

1° On détache vers la direction reconnue dangereuse une avant-garde. Cet élément de sûreté essaie de s'interposer entre l'ennemi et le convoi et de durer le temps nécessaire pour que le convoi atteigne le terme de l'étape de la journée. Si l'ennemi se dérobe et marche sur le convoi, l'avant-garde s'efforce de l'attaquer pour le fixer.

Mais ici l'adversaire auquel nous avons affaire est plus mobile que nous, et de beaucoup; il dispose de l'espace immense pour se dérober, quand il lui plaît. Selon ses intentions, ou il se soustraira à l'action de notre avant-garde, pour se porter contre le convoi et l'attaquer, ou bien il profitera de la dispersion de nos forces, pour fondre successivement sur chacune de nos deux fractions, comme le fit avec succès Bou-Amama en 1881.

Le procédé que nous venons d'exposer est celui employé en Europe et qui est rendu possible par les circonstances de lieu. En effet, dans les pays civilisés et à population dense, les directions sont obligées : les combattants ne circulent généralement que sur les routes et ceux d'une même arme ont à peu près la même vitesse de déplacement.

Dans le Sahara, il est inefficace, parce qu'il est impossible d'immobiliser l'adversaire; il est dangereux, parce qu'il entraîne à une dispersion inutile de forces : aussi *doit-il être évité à tout prix*.

2° Comme, en définitive, l'adversaire en veut au convoi, il faudra bien qu'il vienne le chercher; pour tirer parti du renseignement obtenu à grande distance, on pourrait s'arrêter, pour combattre, sur une position favorable. Mais l'adversaire ne viendra pas, il base généralement sur la surprise le succès de son attaque.

L'emploi d'un pareil moyen (arrêt sur une position défensive) serait aussi funeste que le précédent. Il suffirait de démonstrations successives à distance pour immobiliser complètement le convoi et l'empêcher de remplir sa mission. Or, cette mission est d'aller à Beni-Abbès; il faut, malgré les velléités offensives de l'ennemi, avoir toujours et quand même le cap sur Beni-Abbès.

Conclusion : *le renseignement obtenu à grande distance ne justifie, au convoi, aucune disposition spéciale; sa recherche ne doit pas être poursuivie* (1).

A quelle distance est-il donc nécessaire d'aller chercher ce renseignement ?

Nous venons de le reconnaître, c'est à portée de fusil du convoi même, par suite des circonstances locales, que seront prises les mesures de sûreté indispensables au convoi. La distance à laquelle il est utile d'aller chercher ce renseignement est la distance qui procurera le temps et l'espace nécessaires pour prendre, au convoi, les dispositions qui empêcheront l'adversaire d'entraver la marche.

Quelles sont ces dispositions ?

Sans entrer pour le moment dans le détail de celles-ci, nous pouvons admettre que la brusquerie des attaques, leur intensité dès les premiers instants de la lutte, exigent l'entrée en action presque instantanée de l'escorte. Celle-ci doit être toujours en formation préparatoire de combat. Les patrouilles qui conviennent sont celles qui répondent à ce dispositif. Elles s'exercent d'ordinaire dans un rayon restreint, variable suivant le terrain, 3 kilomètres au maximum.

Cette limite, qu'il n'est pas nécessaire de dépasser, peut et doit être diminuée pour les considérations suivantes :

Les directions multiples des attaques possibles imposent une surveillance très active sur toutes les parties d'un terrain très coupé, très raviné, uniforme d'aspect, à cause de l'intensité de l'éclairage. Pour assurer efficacement ce service, il faudra de nombreuses patrouilles. La distance de ces dernières à l'escorte dépendra de l'effectif de la cavalerie; enfin la rapidité avec laquelle les assaillants se précipitent à l'attaque ne laisse pas aux cavaliers le temps matériel pour apporter le renseignement.

---

(1) Aux considérations qui précèdent, nous ajouterons que cette recherche du renseignement à grande distance ne doit pas être poursuivie, parce qu'il est impossible, à moins d'obéir à une idée préconçue, d'orienter son service de découverte vers une direction précise (tout le périmètre est dangereux et également praticable pour l'adversaire).
Nous ne nions pas cependant l'utilité du renseignement (Voir note 1, page 39).

Celui-ci ne peut être communiqué qu'au moyen de signaux. Des coups de fusil ne constituent pas un signal; dans le Sahara, au delà de 300 ou 400 mètres, on ne les entend plus (fait déjà observé au Transvaal). Les signaux à la vue sont les seuls possibles. Pour qu'ils soient aperçus, il est indispensable que les patrouilleurs ne soient pas trop éloignés.

Nous revenons au règlement (Décret du 28 mai 1895, art. 26) pour affirmer qu'en toutes circonstances, la cavalerie attachée au convoi concourt d'abord à la protection immédiate du convoi.

Nous faisons appel au raisonnement pour conclure : 1° que cette protection immédiate a besoin d'être exercée seulement dans un rayon d'action très restreint, mais d'une façon des plus actives, en raison des qualités particulières de l'adversaire; 2° qu'aucune nécessité tactique ne justifie l'emploi d'un service de découverte dépendant du convoi, ni même d'un service de sûreté de première ligne (1).

Employée de cette façon, la cavalerie nous donnera la certitude d'éviter la surprise et nous procurera le temps de mettre en œuvre nos moyens d'action dans des conditions déterminées.

Il faut empêcher l'ennemi, avons-nous dit, d'entraver la marche vers Beni-Abbès. Ce but sera atteint si l'ennemi, survenant pendant la route, se brise à un obstacle infranchissable jeté entre lui et le convoi, obstacle qui mettra ce dernier à l'abri des coups et qui donnera la possibilité de continuer le mouvement, sans interruption.

Quel sera cet obstacle ?

Ce ne peut être, avons-nous établi, un accident de terrain, il n'en existe pas pour l'Arabe dans le Sahara; ni, pour la même raison, l'espace gagné par l'arrêt successif de l'adversaire contre des positions, espace qui procure le temps nécessaire au convoi pour se porter d'un point A à un autre point B par exemple; ni une vigoureuse offensive aboutissant à l'immobilisation de l'ennemi : doué d'une grande mobilité, il ne peut être fixé; devant

(1) La découverte assurée par le service des affaires indigènes est très importante; c'est elle qui permet d'apprécier si le convoi peut être mis en marche, sans être exposé à de trop gros dangers.

les impossibilités qui précèdent, nous avons établi encore que l'adversaire en voulant au convoi viendra le chercher et que, dans ce cas, l'obstacle ne saurait être constitué par des poitrines humaines, comme aux premiers temps de la conquête, parce que les Arabes combattent maintenant à pied et utilisent admirablement, aux petites distances, les propriétés du fusil à chargement rapide.

Quel sera cet obstacle ?

C'est celui que nous permet de créer notre excellent fusil à tir rapide.

Le feu, voilà l'obstacle (1). Mais il ne sera infranchissable que s'il est d'importance.

Dans quelles conditions ce feu est-il appelé à exercer son action ?

Les procédés d'attaque et les qualités physiques de l'adversaire nous exposent à une irruption soudaine à petite distance. Le feu ne produira l'effet recherché que s'il est ouvert instantanément.

Donc *feu instantané et d'importance.*

A. — Pour obtenir l'instantanéité du feu, il faut le préparer, l'organiser. La préparation de ce feu à déclanchement instantané ne peut être exécutée que par des fractions mises à pied d'œuvre. Elle aura pour objet l'étude du terrain qui se présente autour du convoi en marche, la recherche de positions à champ de tir étendu, l'étude des positions choisies au point de vue de l'utilisation des abris par les tireurs, l'appréciation des distances à de certains repères.

Son organisation comprendra la désignation de la « troupe à feu » suivant l'importance du point occupé et l'étendue à battre ; la répartition, par un chef chargé de coordonner les efforts, entre les différentes fractions établies, de la zone de terrain à battre par chacune d'elles, dès la première irruption de l'ennemi ; le concours que les fractions voisines doivent se prêter mutuellement, etc.

B. — Le feu sera d'importance, s'il crée une zone battue telle,

---

(1) « La véritable force de résistance est le feu, c'est-à-dire le fusil, c'est-à-dire l'homme, la force active. » (Général LANGLOIS, ouvrage cité, page 228.)

que l'adversaire ne saurait la franchir sans s'exposer à la destruction.

Cette zone efficacement battue peut être constituée, soit par l'adresse et l'habileté des tireurs qui envoient un grand nombre de balles, au point visé, en un temps minimum : questions de dressage dont le chef de convoi n'est pas toujours responsable; ou encore par le nombre de fusils mis en ligne.

Il y aurait intérêt à constituer les « troupes à feu » aussi fortes que possible, en utilisant dès le début tous les fusils dont on dispose. (Les chefs de convoi qui répartissent toute leur escorte en cordon autour de leur convoi obéissent à cette préoccupation.) Comme il faut se garder sur toute la circonférence, en voulant être fort partout, on risque de ne pas l'être au point voulu.

L'adversaire ne concentre son attaque que sur un point précis, au plus fait-il, comme le cas s'est déjà présenté, une démonstration dans une direction pendant qu'il prononce son effort décisif vers une autre. Comme tout le périmètre est également dangereux, on établit sur tout le cercle menacé des fractions prêtes à agir par le feu. Ce qui ne veut pas dire que ces fractions seront placées uniformément tout autour du convoi. Leur emplacement dépendra des formes du terrain.

L'ennemi se démasque dans une direction. Si le feu a été préparé et organisé comme nous l'avons demandé, grâce à la portée et à la justesse du fusil modèle 1886, cet ennemi subit dès 1 000 mètres des pertes d'autant plus sensibles qu'à cette distance nos tireurs ne sont pas exposés au feu adverse.

Pour utiliser ses armes, l'ennemi doit s'approcher jusqu'à 300 mètres (fait observé d'une façon indéniable au siège de Taghit) [1]. Pendant 700 mètres, il est soumis aux effets destructeurs du fusil à tir rapide. S'il reste à découvert pendant ce parcours, même devant un nombre de fusils très inférieur, il risque de ne pas aller loin. S'il veut chercher des cheminements, il perd son temps; nous, nous ne demandons qu'à en gagner pour avoir la possibilité d'appliquer tous nos moyens au point menacé.

L'ennemi arrive vers 300 mètres. Il trouvera à tirer parti de son habileté de chasseur de gazelle, s'il a devant lui un but précis.

---

(1) Voir notes 1 et 2, page 7.

Grâce à la poudre sans fumée et à une bonne utilisation du terrain, nous ne lui offrirons pas ce but.

Le feu des fractions établies sur des positions avantageuses nous a donné le temps de prendre une décision en connaissance de cause.

Quelle sera cette décision ?

Cela dépendra du caractère de l'attaque.

a) Si l'adversaire, contrairement à son habitude, ne « mord » pas fort, se contenter de le tenir à distance par le feu des fractions en position. Celles-ci s'établissent d'avance en flanc-gardes, au fur et à mesure de la progression du convoi, dans la direction de la marche ;

b) Si l'adversaire en forces s'est engagé à fond, il y a lieu, jusqu'au règlement de l'incident, d'arrêter le convoi, de le condenser pour diminuer le périmètre à défendre, et, au moment où la direction de la véritable attaque est parfaitement établie, mettre en ligne du côté menacé une forte réserve de fusils à tir rapide. L'action violente de ce feu d'importance créera l'obstacle infranchissable qui arrêtera net l'offensive ennemie.

Cette décision assure le succès de la mission, parce qu'elle empêche l'adversaire d'entraver la marche.

En effet, l'ennemi a été fortement décimé par notre puissante ligne de feux, il a échoué dans son attaque, il se retire. Comme il ne connaît pas la parade, que sa seule tactique est le coup droit, l'attaque à fond, il exécute sa rupture du combat par une fuite d'ensemble en arrière aussi rapide que « sa fuite » en avant.

S'il s'agit d'un djich, la poursuite par le feu suffit pour le désorganiser complètement, le démoraliser et mettre pour longtemps le convoi à l'abri de ses menaces. Se porter en avant serait retarder la marche sans aucun profit, les fuyards auront vite fait de nous distancer.

Si c'est une harka nombreuse, prolonger l'action par le feu jusqu'à ce que l'adversaire, grâce à ses jambes, se soit mis hors d'atteinte de nos balles, semble être la conduite à tenir. C'est la réserve couverte par la cavalerie qui exécute cette poursuite, pendant que le convoi reste sur place avec son atmosphère de sûreté. Dans tous les cas, la troupe de poursuite ne se laissera pas entraîner trop loin. Si, au point de vue de l'effet moral, il y a intérêt à faire le plus de mal possible à l'adversaire, on n'oubliera pas cependant que la mission est de conduire le convoi à Beni-Abbès ; il faut l'exécuter sans délai.

Conclusion : après avoir obtenu l'ouverture instantanée du feu par des fractions *en position* [1] qui ralentissent l'attaque et donnent le temps de s'orienter, on doit, pour créer l'obstacle infranchissable et pour amener la retraite de l'ennemi, disposer d'une forte réserve de fusils.

Le rapport entre la force de la réserve et celle des fractions chargées d'établir les postes de sûreté dépend de l'effectif de l'escorte et de l'importance du convoi.

La tactique d'attaque brusquée des Arabes ne nécessitant pas l'échelonnement des forces en profondeur, la première réserve à marcher peut comprendre tout ce qui n'est pas employé au service des postes de sûreté. Ce service, il est vrai, est assez important, parce que le périmètre à surveiller est par moments considérable. C'est pourquoi, au début de la marche, la force de la réserve variera, suivant l'effectif de l'escorte, de la moitié au quart de l'infanterie. Dans le cas particulier de notre convoi de novembre, la répartition des troupes pouvait être la suivante : une compagnie à la réserve, deux compagnies fournissant les postes de sûreté. En cas d'attaque, après la condensation du convoi, qui s'arrête et se rassemble, la réserve se renforcera de tout ce qui n'est pas strictement nécessaire ailleurs, pour tenir le terrain sous le feu.

La cavalerie doit être tout entière à la sûreté immédiate, mais elle agira au mieux des circonstances, sans oublier que, au moment d'une attaque, ses patrouilles sont le plus nécessaires et doivent être les plus nombreuses.

La place de la réserve dépend des formes du terrain. En général, cette fraction se tiendra vers le milieu du convoi, d'où il lui sera plus aisé de se porter dans toutes les directions.

L'emplacement des postes de sûreté et l'intervalle entre deux de ces postes sont basés sur la nécessité que tout le terrain dan-

---

(1) Nous insistons sur cette nécessité parce que beaucoup s'imaginent que le renseignement arrivera assez à temps pour leur permettre de se mettre en garde. Des exemples douloureux ont prouvé le contraire.

gereux soit efficacement battu par le feu. L'intervalle variera généralement de 800 à 1 500 mètres.

Les flancs, à cause de leur étendue, sont les parties les plus vulnérables du convoi. Le front est généralement restreint et dans le cas le plus favorable pour son extension, terrain sans obstacles, il n'atteint pas 500 mètres pour un convoi de 2 000 à 3 000 chameaux. L'espace qui s'étend en avant peut être battu par les fractions sur le flanc les plus avancées : il n'est donc pas utile de détacher des postes en avant. (Désormais pour le reste de notre exposition nous appellerons flanc-gardes fixes les fractions établies autour du convoi.)

La distance des flanc-gardes au convoi dépend du terrain. Tout en restreignant le périmètre à garder, elle doit être suffisante pour que les chameaux soient à l'abri des balles. En terrain horizontal, la zone battue du fusil modèle 1886 est de 600 mètres pour la hausse de 400 mètres. Cette zone se réduit de 200 mètres environ pour le Remington et autres armes similaires dont se servent les Arabes. En tenant compte de la distance à laquelle notre feu tiendrait l'adversaire, on peut fixer en terrain horizontal à 200 mètres au minimum la distance des flanc-gardes au convoi. Si l'on voulait mettre celui-ci à l'abri des ricochets, c'est à 800 mètres plus loin qu'il faudrait reporter la protection ; on arriverait ainsi à une dispersion dangereuse. Il vaut mieux risquer la perte de quelques chameaux et conserver une liaison étroite entre les combattants.

Bien que nous ayons combattu et que nous combattions toujours tout formalisme dans un dispositif militaire quelconque, qu'il nous soit permis, pour fixer les idées (une fois n'est pas coutume), de résumer la discussion qui précède sur le schéma suivant [1] : soit A, B, C, D, etc., A', B', C', D', etc., des positions sur le flanc de la piste suivie par le convoi. Nous les supposerons situées à 1 200 mètres les unes des autres, avec la même valeur tactique, un bon champ de tir ; une demi-section de 25 fusils est l'effectif nécessaire pour leur occupation ; supposons encore, pendant la durée de notre démonstration, l'allure des chameaux de 3^{km}500 à l'heure ; une profondeur uniforme

(1) Voir croquis page 45.

Légende
demi-section
cavalerie
cavalier
position de flanc-garde
Echelle
0
1K
Convoi rassemblé
Convoi en marche
Compagnie de réserve
Camp
0K
1K
2K
3K
4K
5K
6K
7K
8K
9K
10K

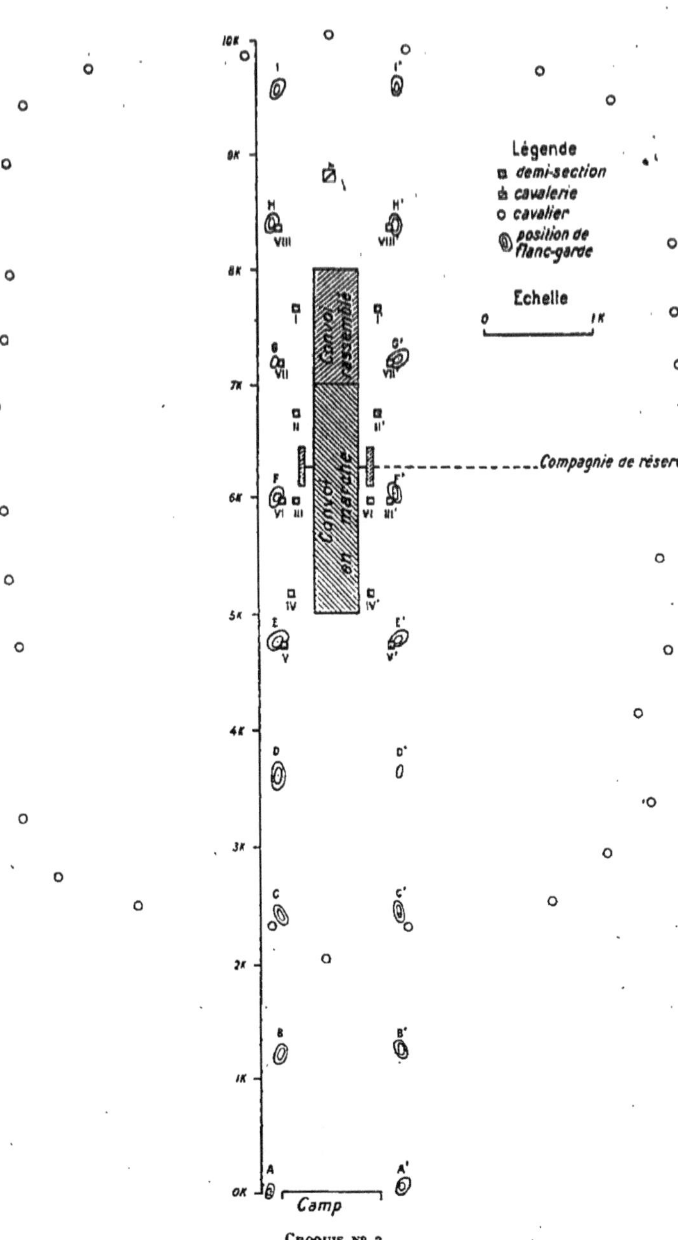

CROQUIS N° 2

du convoi de 3 kilomètres pour les 2 400 chameaux ; la vitesse de l'infanterie de l'escorte de 6 kilomètres en soixante minutes de marche (vitesse normale des tirailleurs non chargés).

Sur le croquis, les demi-sections seront désignées par les chiffres I, II, III, IV, V, VI, VII, VIII ; I', II', III', IV', V', VI', VII', VIII'.

Les deux compagnies destinées au service des flanc-gardes sont parties groupées, en même temps que la tête du convoi ; la première demi-section de chacune d'elles s'est établie à hauteur de la face la plus avancée du camp.

Les commandants de compagnie, après avoir reconnu le terrain, ont placé leurs demi-sections au fur et à mesure de la marche en avant. Quand la VIIIe demi-section de la compagnie de gauche, par exemple, sera placée, elle aura parcouru 8^{km} 400. Elle est en position avant que les premiers groupes de chameaux arrivent à sa hauteur. Pour simplifier les calculs, supposons ces groupes au kilomètre 8 ; ceux-ci, à la vitesse de 3^{km} 500, ont marché deux heures dix-sept minutes. Les demi-sections V, VI, VII, VIII sont en position.

Quel est l'emplacement des autres demi-sections ?

La demi-section I est restée en position, pendant tout l'écoulement du convoi (3 kilomètres), cinquante et une minutes ; elle a laissé gagner 600 mètres environ (dix minutes) à la gauche, puis s'est mise en route pour prendre la tête.

$$2^h 17 - 1^h 1 = 1^h 16.$$

La demi-section I se trouve au point 7^{km} 600 (le kilomètre en dix minutes).

La demi-section II est restée en position le même temps que la demi-section I ; mais elle a quitté son emplacement vingt minutes après que la demi-section I eut quitté le sien (temps nécessaire au convoi pour parcourir 1 200 mètres). Comme elle est plus avancée de 1 200 mètres que cette demi-section I, son retard sur celle-ci est déterminé par la différence d'allure des chameaux et de l'infanterie, pendant 1 200 mètres (20 — 12 = 8). Ce retard est de 800 mètres. On prouverait de même que chaque fraction de flanc-garde est à 800 mètres derrière celle qui la précède immédiatement.

On voit sur le croquis que les demi-sections arriveront sur leur emplacement de flanc-garde dix minutes avant que la tête du convoi soit à hauteur de cet emplacement.

L'arrivée en temps voulu des demi-sections sur leurs positions de flanc-garde est d'autant plus facile que l'intervalle entre les demi-sections se rapproche du maximum, 1 500 mètres : pour tenir le même périmètre, il faut moins de fractions. Si le contraire se produisait, c'est la cavalerie qui, en attendant l'arrivée de l'infanterie, devrait jeter pied à terre ses carabines disponibles sur la position de flanc-garde.

L'examen du croquis suggère encore les réflexions suivantes : 1° chaque demi-section reste en place (au repos) une heure; elle peut, sans surmener les hommes, forcer l'allure pour atteindre sa position; 2° si une attaque se produisait à l'instant marqué sur le croquis, une quelconque des demi-sections VI, VII serait renforcée instantanément par deux autres demi-sections, sans compter le concours par le feu que pourraient lui prêter les demi-sections voisines. Ce sont cinq demi-sections (125 fusils) qui entrent rapidement en action. La protection est permanente, elle est efficace.

Supposons que le convoi serre sur sa tête pendant cette attaque sur le flanc gauche. Les demi-sections VIII', VII', VI' de la compagnie de droite restent en position, pendant que les autres demi-sections de cette compagnie se rassemblent au point qu'indique le chef de convoi, d'après la tournure de l'attaque. Au total, on disposera du côté menacé de toute l'infanterie de l'escorte, moins 75 fusils; suivant le terrain, on peut encore réduire ce nombre d'une demi-section.

Avec le système en cordon, c'est-à-dire toutes les unités déployées d'avance autour du convoi, on n'a aucune réserve disponible; en cas d'attaque, il serait difficile de s'en constituer une; les fractions se déplaçant en même temps que le convoi ne sont pas prêtes à ouvrir le feu dans des conditions avantageuses, en un mot on ne se procure ni le temps ni les moyens d'agir avec calme et méthode.

Nous répétons que le dispositif schématique du croquis n° 2 a été employé pour faciliter la discussion. Il reste bien entendu que c'est un cas extrêmement particulier dont nous avons posé tous les éléments, avec beaucoup de suppositions. Il demande à être modifié suivant les multiples combinaisons que l'on peut faire avec les variables du problème : effectif, terrain, vitesse, formation, allongement, température, etc. En outre, ce dispositif est un maximum de sûreté qui impose de grandes fatigues à la troupe d'escorte. Il sera mis en œuvre seulement lorsque le convoi se trouvera hors de la proximité d'un poste. Il ne s'applique qu'à un détachement d'effectif assez élevé ; il ne trouve pas son emploi pour une escorte de 100 fusils. Dans ce dernier cas, les fractions de cette petite escorte procèdent par bonds, de façon qu'il y ait toujours une fraction en position. Si une attaque brusquée se produisait, cette fraction serait comme un poste, à l'abri duquel se rallierait le reste de l'escorte (1).

Discutons maintenant sur un terrain réel et non hypothétique. Tout en nous appuyant sur les mêmes principes, nous aurons un dispositif totalement différent de celui de notre schéma.

20 kilomètres environ après avoir quitté Taghit, dans la direction d'Igli, la route suivie par les convois est bornée à l'ouest par la Hamada, à l'est par l'Erg. Plus on s'éloigne de Taghit, plus les deux obstacles se rapprochent. 8 kilomètres après le puits d'El-Aouedj, on rencontre un ravin entaillant profondément la Hamada et se jetant dans la Zousfana, près du kronek du Tchabet-el-Nouz. A partir de ce point, jusqu'au confluent de la Zousfana et de la Saoura, c'est-à-dire pendant 20 kilomètres, le défilé est si étroit, que les convois doivent circuler dans le lit même de l'oued. A certains endroits, la vallée n'a pas une largeur de 200 mètres.

La falaise de la Hamada présente à 100 mètres d'élévation une corniche dont la largeur varie de 3 à 100 mètres. Cette corniche est elle-même dominée de 100 mètres environ par le bord du plateau de la Hamada qui s'étend à perte de vue vers l'ouest. Les flancs de la falaise ne sont accessibles que par quelques ravins, espacés les uns des autres de plusieurs kilomètres.

A l'est, l'Erg, étendue de sable semblable à une mer en furie dont les vagues immenses se seraient tout à coup solidifiées. La

(1) Solution qui fut imposée par les circonstances aux combats du chott Tigri (1881) et d'El-Moungar (1903).

circulation est très difficile au milieu de ce dédale de monticules de sable. Les troupes ne peuvent s'y engager qu'au prix des plus grandes fatigues.

Les bords de l'Erg, d'où l'on tirerait sur le convoi, sont à bonne portée de fusil de la corniche de la Hamada, 400 mètres au maximum.

D'une façon générale, le terrain a le profil suivant :

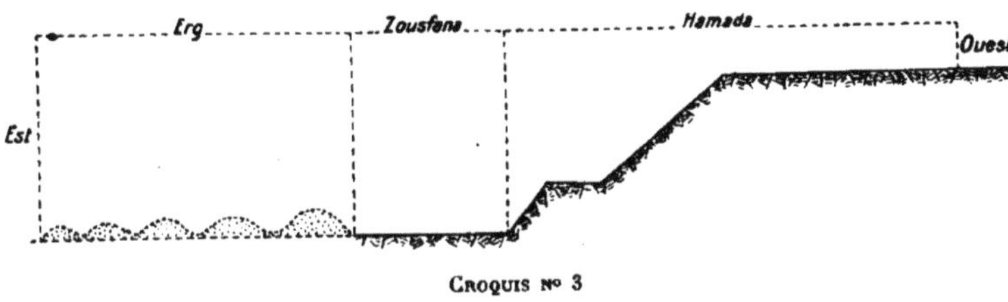

Croquis n° 3

Il est difficile d'établir des postes sur les dunes de l'Erg, flanc est du convoi, à cause de la difficulté de la marche sur le sable ; il faudrait aux unités détachées en flanc-garde un temps appréciable pour se porter sur les dunes. Mais les dunes ont à peine 40 mètres de hauteur, elles sont dominées partout par la corniche. Si celle-ci est occupée, l'accès de l'Erg est interdit sur toute la portée efficace du fusil modèle 1886, diminuée de 400 mètres au maximum. Pour protéger le flanc est du convoi, il faut que la corniche soit tenue par des flanc-gardes fixes. Celles-ci protègent aussi le flanc ouest, parce que le convoi dans le lit de la Zousfana est complètement défilé des vues et des coups de la Hamada, mais cela ne suffit pas.

On n'est maître de la corniche que si l'on tient la Hamada. La sûreté de l'ensemble repose sur l'occupation de ce plateau. En outre, l'unité à détacher pour ce rôle sera presque isolée à cause de l'inaccessibilité des flancs de la falaise. Pour ces raisons, elle aura un effectif proportionnellement plus fort que celui des flanc-gardes de la corniche.

La répartition des troupes pourrait être alors la suivante : avec le convoi dans le lit de l'oued, une demi-compagnie, 100 fusils, pour assurer en cas d'attaque l'ordre et la discipline parmi les chameliers ; sur la corniche, une compagnie, 200 fusils, pour la protection du flanc est du convoi; vu sa position avantageuse, cette unité peut défier toute attaque venant de l'est et la repousser par son feu; sur la Hamada, le restant, une compagnie et demie, 300 fusils, plus le gros de la cavalerie. Celle-ci aura laissé quelques patrouilles pour éclairer en avant et en arrière le convoi et la flanc-garde de la corniche.

En station, le camp doit être établi, autant que possible, dans un endroit découvert qui laisse un champ de tir de 700 à 800 mètres dans toutes les directions. Sans trop s'éloigner des puits, on trouve dans la Zousfana des terrains qui répondent à cette condition (à El-Morra, les puits sont à 1 100 mètres du caravansérail). Suivant le terrain, ce camp prendra toutes les formes qu'affecte un quadrilatère. Ses dimensions seront telles, que le personnel rassemblé à l'intérieur n'offre pas un objectif par trop vulnérable; que la direction en cas d'attaque puisse s'exercer effectivement, au milieu de l'enchevêtrement des tentes, des ballots, des chameaux, etc.; en un mot, le camp ne sera pas trop exigu; il ne sera pas non plus trop étendu, pour ne pas augmenter le cercle à surveiller. Une surface de 4 hectares (carré de 200 mètres de côté) paraît nécessaire à un convoi de 2 400 chameaux, 600 fusils, 90 cavaliers. Pendant le jour, les chameaux sont au pâturage sous la protection de la cavalerie et d'une fraction d'infanterie : la compagnie de jour formant le piquet fournira une section.

La sûreté en station est assurée d'après les mêmes principes qu'en marche, c'est-à-dire par des postes tenant sous leur feu tout le terrain qui s'étend autour du camp.

Ces postes seront placés en avant des faces du quadrilatère, à une distance variable suivant le terrain, avec un champ de tir très étendu. Autant que possible, ils ne seront pas poussés au delà de 400 mètres. Leur effectif variera de l'escouade à la section.

Des patrouilles de cavalerie à 2 ou 3 kilomètres compléteront ce système.

La nuit, on ne peut opposer à l'ennemi une barrière constituée par le feu de fractions même judicieusement placées; ou l'assaillant passera entre les mailles du réseau, ou bien, après avoir repéré le poste le moins avantageusement établi, il le balaiera comme fétu de paille et s'élancera sur le camp. Dans l'un et l'autre cas, les tireurs des faces du camp seront paralysés par la crainte d'atteindre leurs camarades en petits postes.

De quoi s'agit-il la nuit ?

Reposer sous la protection d'autres unités qui veillent.

Les circonstances de lieu ne le permettent pas. Tout ce qu'on peut demander, c'est de ne pas être dérangé inutilement par quelques maraudeurs.

La nuit, il s'agit, comme à tout instant de la mission, d'empêcher l'ennemi d'enlever le convoi. Pour atteindre ce but, le moyen sera encore d'être en mesure de développer tous ses fusils.

La nuit, tirer droit devant soi et de près est la règle. Ce que le feu perd en profondeur, il doit le gagner en intensité, grand nombre de fusils sur un espace restreint. Mais tout le périmètre est dangereux. Comme les tireurs ne font feu que droit devant eux, parce que l'obscurité ne permet pas de s'orienter, il faut garnir uniformément de fusils tout ce périmètre. Le nombre de ceux-ci par mètre courant sera d'autant plus grand que la circonférence sera plus petite : le minimum de périmètre sera les faces du quadrilatère. C'est sur celles-ci mêmes que sera préparé le feu.

L'escorte sous la petite tente occupe ses faces ; la tenir toujours prête à tirer serait beaucoup lui demander. Les hommes sont habillés ; pour sortir de leurs tentes, s'équiper, prendre leurs fusils, un temps matériel, très faible il est vrai, leur est nécessaire ; c'est ce temps qu'il y a lieu de procurer à chacun. On y arrivera si l'ennemi est signalé à 400 mètres environ avant qu'il atteigne les faces du camp. Il suffit pour cela que des sonnettes d'alarme entrent en vibration, dès que l'ennemi arrive à cette distance. Pour constituer cet avertisseur, deux yeux (une sentinelle) en observation.

Par les nuits claires du Sahara, une bande s'aperçoit facilement à 100 ou 150 mètres. Des sentinelles, à 300 mètres environ des faces du camp, procureront à l'escorte le temps pour se former sous les armes. Elles seront naturellement doubles, à intervalle de 200 mètres, pour que rien ne puisse passer entre elles sans être vu.

Le rayon de 400 mètres que nous venons d'établir donnera une circonférence de $2^{km}500$ environ, occupée par douze sentinelles doubles, trois par face. Si l'on compte douze heures de nuit en hiver et quatre heures de faction pour chaque homme, une demi-section de 25 fusils, sur chaque face, suffira pour assurer ce service.

Cette fraction a comme rôle de fournir les sentinelles. En cas d'attaque, elle agira comme les autres fractions de l'escorte, c'est-à-dire par le feu. Elle peut, d'après le règlement, détacher ses sentinelles jusqu'à 300 mètres. Pour ne pas gêner le tir du reste de l'escorte, elle sera établie sur les faces mêmes du camp et sur le même alignement que les autres fractions.

La zone de surveillance sera prolongée par un service de petites patrouilles d'infanterie, opérant à 300 ou 400 mètres de la ligne des sentinelles et suivant un itinéraire parallèle à cette ligne.

Deux heures avant le jour et au réveil, pendant le chargement, en cas de départ la nuit, moments où les attaques sont le plus à craindre, il faut s'éclairer à 2 ou 3 kilomètres par des patrouilles de cavalerie [1].

Que l'on ne se récrie pas contre ce luxe de précautions ; d'abord elles sont réglementaires, puis, dans le Sahara, les attaques de nuit sont toujours possibles. Que ceux qui prétendent que les Arabes sont peu disposés aux combats de nuit se rappellent la surprise de la kasbah de Timmimoun.

CONCLUSION

Ce sont des situations vécues en grande partie que nous venons d'exposer. Elles ont été discutées sur le terrain, avant d'être raisonnées dans le silence du cabinet.

On a pu se rendre compte de l'application que reçoivent les principes de l'art de la guerre, qu'il s'agisse d'une faible unité ou d'un fort détachement ; que l'on opère dans le Sahara ou en Europe.

On a constaté qu'il n'y avait point « de clichés, d'épure, de

---

[1] La clarté des nuits dans le Sahara permet à la cavalerie de s'orienter.

forme ayant une valeur intrinsèque en elle-même » (1), mais des cas concrets. Ceux-ci, pour être traités rationnellement, demandent la liberté d'esprit, c'est-à-dire « l'absence de préjugés, de prévention, d'idée arrêtée, d'opinion admise sans discussion, pour le seul motif qu'on l'a toujours entendu ou vu faire » (1).

On a remarqué combien il est dangereux, lorsqu'on a affaire à un adversaire libre, actif, audacieux, de s'en rapporter à l'habitude, autrement dit à la routine, pour l'adaptation des moyens au but poursuivi. Pour atteindre ce but malgré l'ennemi, il faut toujours penser à ce dernier, conserver en main toutes ses forces, garder sa liberté d'action.

Certes, les procédés qui sont fonction du milieu où l'on se trouve sont, pour certains cas particuliers, totalement différents de ceux employés en Europe, mais, pour les appliquer logiquement, on ne doit jamais se dispenser de *réfléchir*.

(1) Colonel Foch, *Des Principes de la guerre*.

Nancy, impr. Berger-Levrault & Cie

Emplacement du Combat
du 2 Septembre 1903
Echelle 1:5000e
Positions 6h40 .... Légion
Chambaas
10h Légion
Chambaas
Bec de Mounfar
Caravansérail 4k200
N
El Morra 28k
Mezarif
convoi
mulets
Monument
convoi
Puits de Zafrani 6k300
Echelle : 1/5000
Grande Dune 3k800
2k400
H e r g
Bec de Zafrani

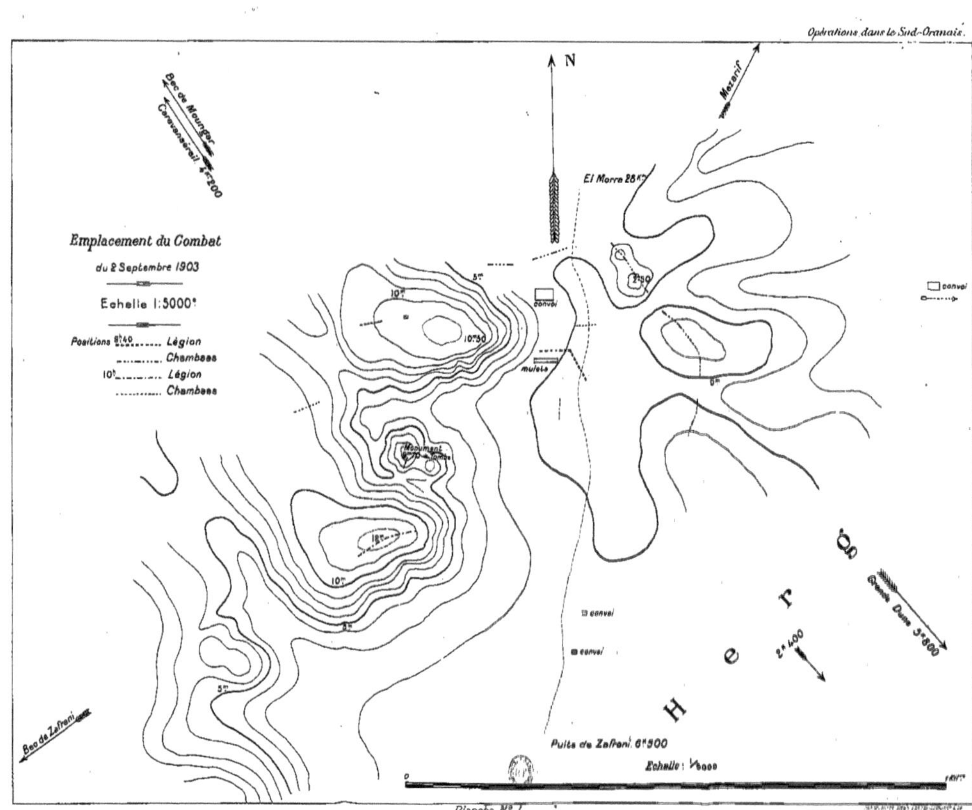

Planche N° 7.

VUE PANORAMIQUE

www.ingramcontent.com/pod-product-compliance
Ingram Content Group UK Ltd.
Pitfield, Milton Keynes, MK11 3LW, UK
UKHW021508260726
13993UKWH00004B/1603